생각의 꼬리를 따라 배우는 꼬물꼬물

경제 이야기

생각의 꼬리를 따라 배우는
꼬물꼬물 경제 이야기

초판 1쇄 펴냄 2006년 12월 15일
　　16쇄 펴냄 2020년 1월 15일

글 석혜원
그림 백수환
펴낸이 고영은 박미숙

펴낸곳 뜨인돌출판(주) | 출판등록 1994.10.11.(제406-251002011000185호)
주소 10881 경기도 파주시 회동길 337-9
홈페이지 www.ddstone.com | 블로그 blog.naver.com/ddstone1994
페이스북 www.facebook.com/ddstone1994
대표전화 02-337-5252 | 팩스 031-947-5868

ⓒ 2006 석혜원

ISBN 978-89-92130-28-8 73320

이 도서의 국립중앙도서관 출판예정도서목록(CIP)은 서지정보유통지원시스템 홈페이지
(http://seoji.nl.go.kr)와 국가자료종합목록 구축시스템(http://kolis-net.nl.go.kr)에서
이용하실 수 있습니다. (CIP제어번호 : CIP2010002626)

어린이제품안전특별법에 의한 제품표시
제조자명 뜨인돌어린이 **제조국명** 대한민국 **사용연령** 만 8세 이상

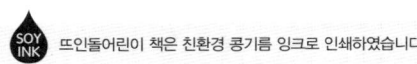
뜨인돌어린이 책은 친환경 콩기름 잉크로 인쇄하였습니다.

생각의 꼬리를 따라 배우는

꼬물꼬물

경제 이야기

글 석혜원 | 그림 백수환

뜨인돌어린이

 작가의 말

　환율, 금리, 국제 유가, 부동산 가격, 세금. 기억하기에도 어려운 낱말 때문에 경제 이야기가 나오면 어른들조차 머리가 아프다고 해요. 그래서 어린이나 청소년들이 경제에 대한 궁금증이 생겨서 질문을 해도 얼버무리며 제대로 답해 주지 못하는 경우가 있지요.
　생활환경이 단순하고 평균수명이 길지 않았던 시대에는 경제를 몰라도 사는 데 큰 불편이 없었어요. 하지만 하루가 다르게 환경이 바뀌고 있는 요즘은 경제를 모르면 현명한 판단을 내리지 못하는 경우가 많아요. 또 평균수명이 길어져서 경제생활 계획을 제대로 세우고 미래를 준비한 사람과 그렇지 못한 사람이 맞이하게 되는 노후 생활은 다를 수밖에 없어요. 그래서 어릴 때부터 좋은 경제 습관을 기르고 경제에 대한 눈을 뜨게 해야 한다는 소리가 커지고 있지요.
　사실 경제와 관련된 낱말이나 원리를 무조건 외워서 경제를 이해하려고 하면 정말 어렵고 따분해요. 하지만 생활 속에 들어 있는 경제를 차근차근 따져 보는 습관을 들이다 보면 경제가 아주 재미있게 느껴지고 자기도 모르는 사이에 경제 박사가 되어 있을 거예요.
　어느 날 저녁식탁 위에 배추김치 대신 깍두기가 올라왔어요. 배추김치가 없다고 불평을 하니까 어머니께서는 강원도에 계속 내렸던 폭우 때문에 어쩔 수 없었다고 하셨어요. '왜 엉뚱한 말씀을 하시지? 강원도 지방에 내린 비와 배추김치가 무슨 상관이 있다고.' 속으로 투덜거리지 말고 왜 그런지 차근차근 따져보기로 해요.

　배추는 높고 서늘한 지역에서 잘 자라는 고랭지 채소로 강원도 산간지방에서 많이 재배되고 있어요. 이 지방에 심한 비가 계속 내렸다면 농부들이 밭에 나가 배추 뽑는 일이 어려워졌을 거예요. 또 비가 많이 오면 배추를 실어 나르는 트럭 운전도 힘들어져 강원도에서 농수산물시장으로 들어오는 배추 양이 줄어들게 됩니다. 시장에 팔기 위해 나오는 물건의 양은 줄어들었는데 사려는 사람의 수는 변하지 않았다면 배추 가격은 올라가게 되지요. 시장에 나가셨던 어머니께서는 배추가격이 너무 비싸서 잠시 고민을 하셨을 거예요. 김치가 아닌 금(金)치를 먹어야 하나 망설이다가 김치를 대신할 수 있는 깍두기를 담그기로 마음먹게 되었을 거예요. 이렇게 하나하나 따져보면 강원도 지방에 내렸던 폭우가 어떻게 배추가격에 영향을 미치게 되었으며, 어머니께서 왜 깍두기를 담그게 되었는지 이해할 수 있어요.

　여기에서 배추가격을 설명하는 경제이론은 '공급의 법칙'이고 김치 대신 먹게 되는 깍두기를 경제용어로 '대체재'라고 해요. 하지만 지금은 무슨 법칙이나 용어를 외우는 것보다 고개를 끄덕이며 원리를 이해하는 것이 더 중요하지요.

　우리 함께 꼬리에 꼬리를 따라가며 우리 곁에 숨어 있는 경제에 대해 알아볼까요?

석혜원

차례

생활 경제가 꼬물꼬물 10

1 가족 외식이 줄어든 이유가 허리케인 때문이라고? 12
갑자기 가족 외식이 줄어들었다 / 물가가 오르면 가계 예산을 다시 짠다 / 국제 유가가 오르면 물가가 오른다 / 허리케인 카트리나로 국제 유가가 올랐다 / 허리케인 카트리나로 아프리카 사람들이 굶주림에 허덕이게 되었다

2 아기가 웃으면 신용카드를 많이 쓰게 된다고? 32
아기가 광고를 보고 웃는다 / 광고를 보면 물건을 사고 싶어진다 / 물건을 사러 할인점에 가자 / 할인점에서 신용카드를 많이 쓰게 되었다 / 상상으로 꾸며 본 샘 월튼과 프랑크 맥나마라의 저녁 식사

3 웰빙에 대한 관심이 닭튀김 가격을 올렸다고? 52
웰빙에 대한 관심이 높아졌다 / 웰빙으로 올리브유 소비가 늘었다 / 올리브유로 튀긴 닭을 팔자 / 닭튀김 가격을 올려라 / 키즈 마케팅, 어린이를 잡아라

4. 부자는 찰흙이 만들어 준다고? 68

투자를 잘하는 사람이 부자가 된다 / 종자돈을 투자하면 돈이 불어난다 / 돼지 저금통으로 종자돈을 모으자 / 찰흙으로 만든 돼지 저금통 / 꼬불이의 인터뷰 : 워런 버핏

나라 경제가 꼬물꼬물  90

5 새 지폐가 금 세공업자들 때문에 만들어진다고? 92

새 지폐를 만든다 / 돈을 발행하는 곳은 한국은행이다 / 한국은행은 중앙은행이다 / 중앙은행이 만들어진 것은 금세공업자들 때문이다 / 돈의 주인공이 된 얼굴들

6 설날이 지나면 금리가 올라간다고? 108

설날은 세뱃돈을 받아서 좋아요 / 세뱃돈은 새 돈으로 주세요 / 돈이 많아지면 물가가 올라간다 / 물가가 오르면 금리를 올린다 / 꼬질이의 인터뷰 : 밀튼 프리드먼

7 초콜릿으로 사랑을 고백하면 정부가 돈을 많이 쓴다고? 124

사랑을 고백하게 만드는 초콜릿 / 초콜릿은 불황일 때 더 잘 팔린다 / 불황이면 정부 사업이 많아진다 / 정부의 사업이 많아지면 정부가 돈을 많이 쓴다 / 초등학생들도 세금을 내고 있어요

8 튤립 때문에 부동산 가격이 오른다고? 140

부동산 가격이 오른다 / 부동산 가격이 오르면 거품이 생긴다 / 부동산 거품은 투기로 인해 커진다 / 투기를 불러일으킨 튤립 / 우리나라 사람들은 어떤 집에 살고 있을까?

세계경제가 꼬물꼬물  154

9 후추가 농민들을 울게 만들었다고? 156

수입 농산물 때문에 농민들이 울고 있다 / 식량 자급률이 떨어지는 것은 무역을 통해 값싼 농산물이 들어오기 때문이다 / 새로운 뱃길은 무역을 활발하게 만들었다 / 후추가 새로운 뱃길을 열었다 / Made in Korea, 정말 대단해요

10 미국과 중국이 싸우면 우리 기업이 좋아한다고? 174

미국과 중국이 싸움을 벌인다 / 싸움의 원인은 미국의 무역 적자 때문이다 / 미국의 무역 적자를 줄이기 위해서 위안화의 가치를 올려라 / 위안화 가치가 오르면 우리나라 기업이 웃는다 / 꼬불이, 은행에서 달러를 사다

11 유로화가 제2의 대한민국을 만든다고? 190

유럽 12개국의 돈, 유로화 / 유로화는 유럽 기업의 국제경쟁력을 높여 준다 / 국제경쟁력이 높은 기업은 다국적기업으로 성장한다 / 다국적기업은 제2, 제3의 대한민국을 만든다 / 브랜드 가치가 높은 기업들

왜 그런지 생각해 봅시다 208
참고 도서 212
찾아보기 214

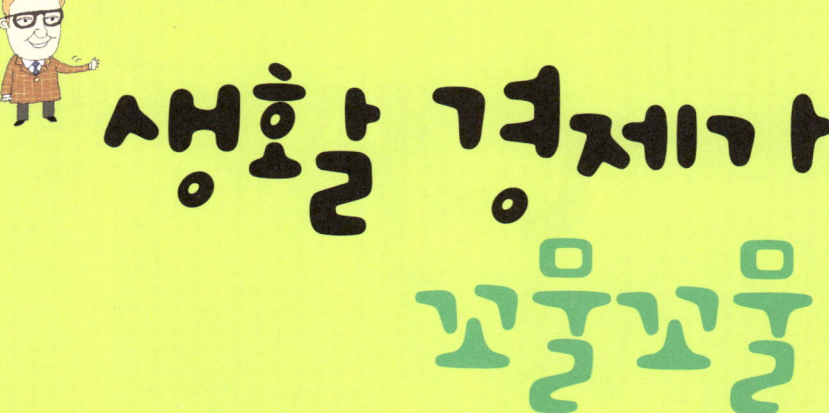

생활 경제가 꼬물꼬물

1. 가족 외식이 줄어든 이유가 허리케인 때문이라고?
2. 아기가 웃으면 신용카드를 많이 쓰게 된다고?
3. 웰빙에 대한 관심이 닭튀김 가격을 올렸다고?
4. 부자는 찰흙이 만들어 준다고?

1. 가족 외식이 줄어든 이유가 허리케인 때문이라고?

갑자기 가족 외식이 줄어들었다

살림살이가 어려워지면 주부들은 허리띠를 졸라맨다. 가장 손쉬운 절약 방법 중 하나는 외식비를 줄이는 것이다.

갑자기 외식이 줄었다고 꼬불이와 꼬질이의 불만이 많아졌다. 맛있는 피자 맛을 본 지가 벌써 몇 년이 지난 것 같다고 엄살을 부리지만 꼬물꼬물 여사님은 가계부가 계속 적자라고 하며 당분간 외식은 꿈도 꾸지 못할 표정을 짓고 있다. 분명히 꼬물꼬물 박사님이 가져다주는 돈은 변함이 없는데 왜 갑자기 생활비가 모자라게 된 걸까?

들어오는 돈, 즉 수입에는 변화가 없는데 갑자기 생활비가 모자라게 되었다면 왜 그럴까? 거기에는 몇 가지 이유가 있을 수 있다. 첫 번째는 수입을 생각하지 않고 마구 돈을 쓴 경우다. 즉 낭비를 하는 경우이다. 또 다른 이유는 갑자기 계획에 없이 불가피하게 목돈이 들어가는 일이 생긴 것이다. 마지막으로 생각해 볼 수 있는 것은 물가가 올라서 아무리 절약을 해도 생활비가 모자라게 되는 경우이다.

'물가'란 간단히 말해서 여러 가지 물건의 평균적인 가격 수준이다. 꼬물이네 가족은 낭비를 했거나 갑자기 목돈을 쓴 경우가 아니므로 생활비가 모자라게 된 이유는 결국 많이 오른 물가 때문이라고 할 수 있다.

만약 어린이들이 갑자기 계획에 없던 일로 돈을 쓰게 되어 용돈이 부족하게 되었다면 어떻게 해야 할까? 급할 때 쓰기 위해 저축했던 돈을 찾아 쓸 수도 있고, 부모님께 사정을 말씀드리고 다음 달 용돈을 앞당겨 받을 수도 있다. 그러나 이것은 마지막으로 사용할 방법이고, 우선은 예산을 줄일 수 있는 부분은 없는지 살펴보고 예산을 다시 짜는 방법을 생각해 본다.

예산이란 들어올 돈과 나갈 돈을 따져 보며 돈을 쓸 계획을 미리 세워 보는 것이다. 꼼꼼히 살펴보면 군것질이나 놀이를 위한 예산처럼 줄일 수 있는 부분이 있다. 즉 용돈이 부족할 때 가장 손쉬운 해결 방법은 꼭 필요한 곳이 아닌 데 쓰는 돈을 줄이는 것이다.

집안 살림을 책임지고 있는 엄마의

경우도 마찬가지이다. 물가가 올라서 생활비가 부족한 경우 집안 살림을 맡은 주부들은 어떻게 할까? 생활비 중에는 외식비나 영화 관람비와 같이 줄이기 쉬운 것이 있고, 아파트 관리비나, 쌀과 같은 주식을 사기 위한 식료품비처럼 줄이기 힘든 것도 있다. 살림살이가 어려워지면 주부들은 흔히 허리띠를 더 졸라매야겠다고 말한다. 더 절약해서 살아야겠다는 뜻인데 과연 어디에 쓰는 돈부터 줄이게 될까? 당연히 쉽게 줄일 수 있는 것부터 줄이게 된다. 그래서 살림살이가 어려워지면 대부분의 가정에서는 외식비를 줄이는 경우가 많다.

이렇게 우리 어린이들의 불만에도 불구하고 외식비를 줄일 정도로 살림이 빠듯하다면 엄마는 어려운 경제 사정을 이겨 내기 위해 어떻게 해야 할까? 아마 현명한 엄마들은 그 방법을 알고 있을 것이다.

우리 부모님들은 어렸을 때 외식을 자주 하셨을까?

가정에서 어디에 돈을 쓰는지 살펴보면 사람들의 생활이 어떻게 변화하고 있는지 알 수 있다. 최근 30년 동안 큰 변화를 보이고 있는 비용들을 알아보기로 하자.

단위 : %

	1970년	1980년	1990년	2000년	2005년
식료품비	46.5	43.2	32.2	27.4	26.5
외식비	0.9	1.6	6.5	10.8	12.1
교통·통신비	5.5	5.8	8.5	16.0	17.5

자료 : 통계청

2005년 가계 지출

총지출 (2,035,256원)

식료품비 (539,260원)

교통·통신비 (356,160원)

외식비 (246,876원)

자료 : 통계청

안타깝게도 우리 부모님들은 어린 시절 외식을 자주 할 수가 없었다. 1970년대부터 생활비의 변화를 살펴보면 식료품비 비율은 계속 줄었지만 외식비 비율은 계속 늘어나고 있다. 자가용이 늘어나고 인터넷이나 휴대전화의 사용이 많아지면서 교통 통신비는 계속 늘고 있다.

물가가 오르면 가계 예산을 다시 짠다

실제로 돈을 쓰다 보면 예산과 반드시 일치하게 쓸 수는 없다. 수입은 늘지 않았는데 물가가 올라서 집안 살림을 꾸려 나가기 어렵다면 예산을 다시 짜야 한다.

집안 살림을 꾸려 나가는 주부들은 항상 예산을 세운다. 음식을 마련하는 데 드는 식비는 얼마나 필요한지, 자녀 교육비는 어느 정도가 적당한지, 옷이나 신발을 사는 데 들어가는 돈은 얼마인지, 전기료나 수도료는 얼마나 필요한지, 자동차 기름 값은 한 달에 얼마가 들고 기타 교통비는 얼마가 들지 등 집안 살림과 관련된 예산을 '가계 예산'이라고 한다.

그런데 실제로 돈을 쓰다 보면 예산과 반드시 일치할 수는 없다. 미리 생각하지 못했던 곳에 돈을 써야 하거나, 갑자기 물건 가격이나 여러 가지 요금이 올라서 중간에 예산을 다시 짜야 하는 일이 생길 수 있다. 만약 물가가 올라서 생활비를 줄여야 한다면 그때도 당연히 예산을 다시 짜야만 한다.

이런 경우 주부들이 새롭게 가계 예산을 세우기 위해서는 먼저 한 달에 돈이 얼마가 들어오는지 정확하게 알아야 한다. 들어오는 돈을 생각하지 않고 돈을 쓸 경우 들어오는 돈보다 더 많은 돈을 쓰게 될지도 모른다. 이렇게 되면 빚을 져야 하거나 생활비가 부족해서 어려움을 겪는 일이 생길 수도 있다.

그런 다음 한 달 동안 돈을 어디에, 얼만큼 쓸 것인지를 결정한다. 돈을 써야 할 곳을 따져 보고 꼭 써야 되는지를 생각한 후 써야 할 돈의 순서를 정한다. 그리고 이미 정해진 지출에서도 더 아낄 것은 없는지, 또 낭비하는 요소는 없는지를 잘 판단해서 아낄 수 있는 것은 아껴야 한다. 이렇게 했을 때 아마 주부들이 가장 먼저 줄이려고 하는 예산이 바로 외식비일 것이다.

이제 생활비를 구성하는 내용 중에서 줄이기 쉬운 것과 생활하는 데 꼭 필요하므로 줄이기 곤란한 것에 대해 생각해 보자. 가장 먼저 줄일 수 있는 것은 외식비, 영화 관람비, 잡지 구입비 등일 것이다. 그 다음으로 아낄 수 있는 것으로는 자동차 기름, 옷 및 신발비 등이 될 것이다.

생활비를 구성하는 내용

식료품비 : 쌀, 쇠고기, 콩나물, 두부, 배추, 외식비

주거비 : 아파트 관리비, 전구 구입비

옷 및 신발비 : 청바지, 모자, 신발, 속옷, 양말

교통·통신비 : 자동차 기름 값, 자동차 할부금, 전화요금

보건 의료비 : 병원 진료비, 감기약, 영양제

교육비 : 등록금, 학용품, 학원 수강료, 참고서 값

광열·수도비 : 전기료, 수도료

교양·오락비 : 영화 관람비, 잡지 구입비

어린이들도 마찬가지이다. 어린이들이 가져야 할 좋은 경제 습관 중 하나가 돈을 쓸 때 예산을 세우는 습관을 기르는 것이다. 매월 받는 용돈에서 저축은 어느 정도 할지, 학용품이나 준비물을 사는 데 쓸 돈은 얼마인지, 군것질을 하거나 놀이를 위해 쓸 돈은 얼마인지를 생각하며 그 생각을 종이에 적어 보

자. 예산을 짜면 돈을 쓰기 전에 일부를 저축하는 일이 쉬워지고, 들어오는 돈, 즉 소득의 범위 안에서 돈을 쓰는 바람직한 습관을 기르기가 쉬워진다.

그렇다면 이렇게 가족 간에 맛볼 수 있는 큰 즐거움의 하나인 외식도 줄고, 엄마들이 가계 예산도 다시 짜야 될 정도로 우리를 힘들게 하는 물가는 왜 오르는 것일까?

손쉽게 할 수 있는 에너지 절약 방법

　우리나라는 세계에서 석유를 네 번째로 많이 수입하고 여섯 번째로 많이 사용하는 나라이다. 우리나라가 2005년에 원유를 수입하면서 쓴 돈은 무려 426억 달러이다. 에너지 사용을 조금만 줄이면 원유를 수입하는 데 들어가는 외화를 절약할 수 있을 뿐 아니라 집안 살림살이에도 보탬이 된다.

　손쉽게 할 수 있는 에너지 절약 방법에는 어떤 것이 있는지 살펴보자. 잠깐, 에너지 절약방법을 아무리 많이 알아도 실천하지 않으면 소용이 없다. 아는 데 그치지 말고 꼭 실천하도록 노력하자.

컴퓨터를 쓰지 않을 때는 꺼둔다.
쓰지 않는 가전기기는 플러그를 빼어 놓는다.
텔레비전은 꼭 보아야 할 프로그램만 본다.
백열등 대신 형광등을 사용한다.
전등에는 갓을 씌우고, 한 달에 한 번쯤 전구 주위를 깨끗이 닦아 준다.
빈 방과 같이 쓰지 않는 곳에는 전등을 켜지 않는다.
가까운 거리는 걸어 다닌다.
자가용 대신 버스나 지하철과 같은 대중교통수단을 이용한다.
냉장고에 음식물을 넣을 때는 식혀서 넣고, 냉장고 속을 가득 채우지 않는다.
냉장고는 벽에서 10센티미터 정도 떨어지게 놓는다.
세탁이나 다림질은 한꺼번에 모아서 한다.
선풍기는 약한 바람을 이용하고, 문으로 들어오는 바람과 같은 방향이 되도록 놓는다.
엘리베이터는 여러 명이 함께 타고, 문이 자동으로 닫힐 때까지 기다린다.
겨울철에는 옷을 두껍게 입고 실내온도를 낮춘다.

국제 유가가 오르면 물가가 오른다

국제 유가가 오르게 되면 먼저 휘발유, 경유 등 기름 값이 오르게 되고, 각종 화학제품의 가격도 올라간다.

물가가 오르는 요인은 여러 가지다. 그중에서 가장 영향을 크게 미치는 것 중의 하나가 국제 유가가 올라가는 것이다. '국제 유가'란 뉴욕상품거래소와 같이 원유를 사고파는 시장에서 정해진 원유 가격을 말한다. 특히 우리나라처럼 에너지의 대부분을 외국에서 수입하는 나라에서는 국제 유가의 영향을 크게 받는다. 그래서 우리 신문이나 방송에서는 국제 유가가 어떻게 바뀌는지 자주 알려 주는 것이다.

원유를 수입하는 가격이 올라가면 원유에서 만들어지는 휘발유나 경유, 등유 등의 가격이 올라간다. 환율이 변하지 않는다면 우리나라 원유 수입의 80%를 차지하는 두바이 유 가격이 배럴당 1달러 올라갈 때 우리나라에서 팔리는 휘발유 값은 리터당 13원이 올라가게 된다. 환율이란 외국 돈과 우리 돈의 교환 비율을 말하며 외국 돈과 우리 돈의 값어치를 나타낸다. '배럴'은 미국에서 부피를 잴 때 쓰는 단위이며 우리나라에서는 리터를 사용한다.

또한 원유는 모든 석유화학 산업에서 기초가 되는 원료이다. 각종 플라스틱, 화학제품은 모두 원유로 휘발유나 경유, 등유 등을 만드는 과정에서 나오는 나프타라는 재료로 만든다. 원유 가격이 오르면 자연히 이런 제품의 가격도 올라갈 수밖에 없다. 국제 유가가 올라서 그와 관련되는 다른 제품들의 가격이 전반적으로 오르게 되면 우리는 물가가 올랐다고 한다.

기름을 사고파는 국제 유류 시장에서 가장 공급을 많이 하고 영향을 많이 미치는 원유는 서부 텍사스 중질유, 브렌트 유, 두바이 유이다. 이 세 가지 원유가 국제 유류 시장에서 거래되는 원유의 대부분을 차지하고 있고, 어느 한 쪽에서 생산에 문제가 생기면 전 세계적으로 유류의 공급이 줄어들게 되어 국제 유가가 오르게 된다.

그러면 도대체 어디에서 어떤 일이 일어나게 되면 국제 유가가 오르고, 덩달아 우리나라의 물가까지 영향을 받게 되는 걸까?

명절에는 왜 물가가 오를까

어떤 물건을 사거나 서비스를 이용하기 위해서 우리가 내야 하는 돈의 액수를 '물건값', 또는 '가격'이라고 한다. 아이스크림은 700원, 공책은 1,000원, 이발요금은 6,000원 등 시장에서 거래되는 모든 물건과 서비스에는 가격이 매겨져 있다.

물가는 여러 가지 가격을 한데 묶어 평균을 한 것이다. 그래서 여러 물건과 서비스의 가격이 함께 오르면 물가도 올라간다.

그런데 왜 어머니께서는 명절만 되면 물가가 오른다고 하실까?

가격은 시장에서 물건을 사고파는 양에 따라 정해진다. 시장에서 팔 수 있는 물건의 양은 정해져 있는데 사람들이 사겠다는 양이 늘어나면 가격은 올라가게 된다.

공책이나 아이스크림과 같이 공장에서 만드는 물건의 값은 물건을 만드는 데 들어가는 원가, 즉 재료비나 일하는 사람들에게 주는 돈에 따라 가격이 변한다. 그래서 명절이라고 해서 특별히 비싸지지 않는다.

하지만 명절이 다가오면 과일, 야채, 고기 같은 농축산물의 가격은 올라간다. 이런 물건은 파는 양을 갑자기 늘릴 수 없는데 명절음식을 장만하기 위해 사려는 사람들이 많아지니까 가격이 올라가게 된다. 여러 가지 농축산물 가격이 한꺼번에 올라가니까 물건의 평균적인 가격 수준이 올라가서 어머니들은 명절 장보기를 할 때마다 물가가 오른다고 불평을 하는 것이다.

허리케인 카트리나로 국제 유가가 올랐다

2005년 여름 허리케인 카트리나가 멕시코 만 일대의 석유 시설에 막대한 피해를 입혔을 것이라는 예측이 나오자 국제 유가(서부 텍사스 중질유)가 한때 배럴당 70달러를 넘어섰다.

미국의 세계 최대 통신사인 AP통신이 선정한 2005년 최고의 경제 뉴스 1위는 '높아진 국제 유가'였고 2위는 '허리케인 카트리나의 피해'였다. 두 가지 뉴스는 아주 밀접한 관계가 있다.

2005년 8월 미국 남부 지역에 몰아친 허리케인 카트리나가 끼친 경제적 피해는 미국 자연재해 역사상 가장 큰 규모였다. 자연재해란 태풍이나 가뭄, 홍수, 지진 등 자연 현상으로 인해 피해를 입는 것을 말한다. 카트리나로 파괴된 집과 도로, 통신망 등 직접 피해를 입은 액수만 해도 1,000억 달러가 넘었다.

허리케인 카트리나로 물에 잠긴 집

그러나 카트리나로 피해를 본 것은 미국 남부 지역만이 아니었다. 카트리나의 피해로 인해 국제 유가가 치솟아 세계 모든 나라의 경제에 먹구름이 끼게 되었다.

원유의 종류는 200여 가지가 넘지만 가장 대표적인 것이 서부 텍사스 중질유, 브렌트 유, 두바이 유이다. 서부 텍사스 중질유는 미국 서부 텍사스 주와 뉴멕시코 주 일대에서 생산된다. 브렌트 유는 영국과 유럽 대륙 사이에 있는 북해라는 바다에서, 두바이 유는 중동 아랍에미리트에서 생산된다.

품질이 좋은 원유일수록 가격이 비싸다. 서부 텍사스 중질유가 가장 고급이고, 다음이 브렌트 유이며 두바이 유는 그 다음으로 친다. 그래서 서부 텍사스 중질유의 가격이 가장 높다.

카트리나가 미국에서 나오는 석유 양의 3분의 1을 차지하는 멕시코 만 일대의 석유 시설에 막대한 피해를 입혔을 것이라는 예측이 나오자 서부 텍사스 중질유의 가격이 한때 배럴당 70달러를 넘어섰다. 멕시코 만 일대의 석유 시설이 피해를 입게 되면 얻을 수 있는 석유의 양이 줄어들게 된다. 이처럼 석유의 양이 줄어들면 사고팔 수 있는 석유의 양이 줄어들게 되고, 당연히 국제 유가는 올라가게 된다.

 2001년 말 배럴당 20달러였던 서부 텍사스 중질유는 2002년 말에 30달러를 넘어섰다. 그 후에도 계속 올라서 2004년 말에는 45달러 근처까지 갔는데, 카트리나가 멕시코 만을 덮쳤던 2005년 8~9월에는 배럴당 70달러를 넘

어섰다.

    이렇게 오른 국제 유가는 그 후에도 별로 떨어지지 않았고, 서부 텍사스 중질유 생산에 나쁜 영향을 주는 허리케인 소식이 있거나, 중동의 정치 상황이 불안해질 때마다 가격이 오르락내리락 하고 있다. 더구나 우리가 얻을 수 있는 원유의 양은 한정되어 있는데 중국과 인도 등 인구가 많은 나라의 경제가 빠르게 성장하면서 필요로 하는 원유의 양이 계속 늘고 있어서 국제 유가는 쉽게 낮아지지 않을 것 같다.

꼬물꼬물 박사님의 마무리

    2005년 8월 허리케인 카트리나가 미국 남부 지역을 덮쳤지. 그런데 카트리나가 멕시코 만 일대 석유 시설에 막대한 피해를 입혔을 것이라는 예측이 나오자 국제 유가가 엄청나게 치솟았단다. 우리나라에서는 석유가 전혀 생산되지 않아서 전부 외국에서 수입하고 있어. 그런데 국제 유가가 오르면 수입 가격이 오르니까 국내에서 팔리는 휘발유, 경유 등 기름 값도 오를 수밖에 없었어. 또 원유로 휘발유나 경유, 등유 등을 만드는 과정에서 나오는 나프타라는 재료로 만드는 각종 화학제품의 가격도 올라가게 되었지. 그래서 물가가 많이 올랐단다.

    소득은 늘지 않았는데 물가가 오르다 보니 집안 살림 꾸려 나가는 데 문제가 생겼지. 그래서 우리 집에서도 절약이 필요했던 거야. 너희들 학원 수강료를 줄일까, 외식비를 줄일까 고민하다가 결국 외식비를 줄이기로 했지.

    내가 출퇴근할 때 자가용 대신 대중교통을 이용하면 기름 값을 줄일 수 있으니 외식비를 줄이지 않아도 된다고? 이런, 꼬불이와 꼬질이가 경제에 대해 너무 많이 알아서 이제는 자가용 타는 것도 내 마음대로 못하겠구나.

허리케인 카트리나로
아프리카 사람들이 굶주림에 허덕이게 되었다

아프리카 남동부에 있는 말라위는 해마다 10월이면 '옥수수 고개'를 겪는 대표적인 식량 부족 국가이다. 2005년에는 식량 사정이 더욱 나빠져서 말라위 인구 1,200만 명 가운데 40%가량이 굶주림에 허덕이게 되었다고 한다.

2005년 가뭄으로 말라위의 옥수수 수확량은 전체 수요량의 40% 정도에 그쳤다. 게다가 허리케인 카트리나 때문에 남아프리카 지역의 옥수수 값이 갑자기 크게 올랐다.

미국 남부 지역을 덮친 카트리나는 어떻게 대서양 건너 아프리카에 있는 말라위의 옥수수 값에 영향을 미치게 된 걸까?

뉴올리언스는 미국의 옥수수를 수출하는 중요한 곳이었다. 주로 이곳을 통해서 옥수수를 수입했던 일본은 카트리나로 뉴올리언스가 폐허가 되자 남아프리카의 옥수수를 수입하기 시작했다. 일본이 옥수수를 대량으로 사들이자 2004년 10월 1kg당 13센트이었던 남아프리카의 옥수수 값이 2005년에는 두 배가 넘는 32센트로 껑충 뛰었다.

그래서 하루 1달러 이하로 생활하는 국민이 60%가 넘는 말라위 사람들은 옥수수를 살 엄두도 못 내고 주린 배를 움켜잡고 한숨만 내쉬었다고 한다.

1. 가족 외식이 줄어든 이유가 허리케인 때문이라고?   31

2. 아기가 웃으면 신용카드를 많이 쓰게 된다고?

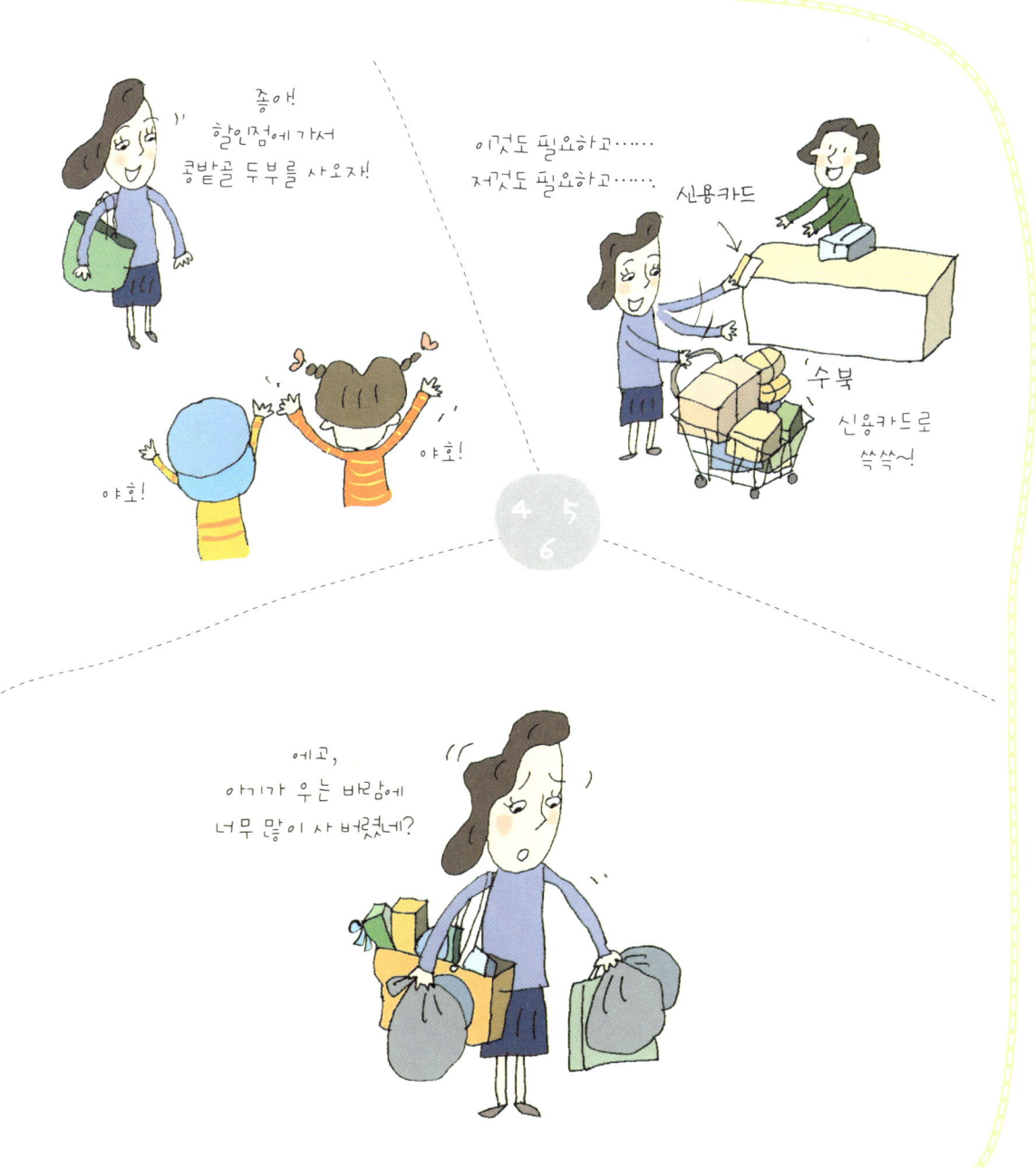

아기가 광고를 보고 웃는다

짜증을 부리는 아기를 달래는 비결 중의 하나, 좋아하는 광고를 아기에게 보여 주자.

토요일 오후, 꼬불이와 꼬질이가 아기를 돌보게 되었다. 이모와 이모부가 오랜만에 영화 구경을 하는 동안 어린 조카 꼬돌이와 놀아 달라고 했다. 인심 후한 이모부로부터 특별 용돈을 받을 수 있는 기회를 갖게 되었으니 싫다고 할 이유가 없었다.

그런데 다른 때는 뒤뚱뒤뚱거리면서도 거실과 방을 들락거리며 잘 놀던 꼬돌이가 오늘은 자꾸 짜증을 부린다. 더구나 꼬물꼬물 여사님은 이모네 식구를 위해 특별 저녁 식사를 준비하겠다고 재료를 사러 나가서 아기를 달래 달라고 도움을 청할 수도 없다.

'세상에 공짜가 없다더니 오늘은 용돈이 그냥 생기는 게 아니네.'

어떻게 달래야 아기를 웃게 만들까? 갑자기 꼬돌이가 광고가 나올 때마다 텔레비전 속으로 들어갈 듯이 쳐다보며 깔깔 웃는다는 생각이 났다.

마침 뉴스 시간이 시작될 때여서 얼른 텔레비전을 켰다. 꼬돌이는 광고가 나오자 금방 텔레비전 화면을 쳐다보며 즐거워했다. 다른 때는 광고가 많이 나오면 다른 채널로 잠시 돌리기도 했는데 오늘은 뉴스 시간 전후에 광고가 많은 것이 정말 다행이라는 생각이 들었다.

설마 아기들을 재미있게 하려고 텔레비전에서 광고를 하는 것은 아닐 테고, 그렇다면 광고는 왜 하는 걸까?

아기가 광고를 좋아하는 이유는?

1. 광고는 장면이 계속 바뀐다.

아기가 한곳에 집중하는 시간은 3~4초 정도이다. 15초 광고에 들어가는 컷은 4컷 정도이니까 한 컷이 나오는 시간은 4초도 안 된다. 광고를 보다가 눈을 뗄 만하면 새로운 화면이 나오기 때문에 아기는 계속해서 광고에 집중하게 된다.

2. 광고는 색상이 화려하다.

아기는 검정, 회색, 흰색과 같은 무채색보다 선명하고 화려한 색을 좋아한다. 그래서 장난감은 보통 색깔이 선명한다. 아기는 색상이 화려하고 강렬한 광고 화면을 좋아하므로 광고를 볼 때 깔깔대며 즐거워한다.

3. 광고는 다른 프로그램보다 소리가 크다.

광고의 배경 음악이나 소리는 드라마, 뉴스 등 일반 프로그램보다 1.5배 정도 크다. 아기가 어른보다 변화에 민감하게 반응하기 때문에 소리가 달라지면 금방 눈치를 챈다. 또 소리가 자주 바뀌기 때문에 계속해서 집중하게 된다.

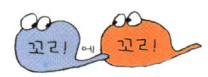

광고를 보면 물건을 사고 싶어진다

기업은 자기 제품을 알리기 위해서 광고를 한다. 그리고 광고는 사람들이 제품을 사고 싶은 마음이 들도록 만들어진다.

두부 요리 전문 음식점에서 음식 솜씨가 좋아 보이는 할머니가 두부 요리를 만들고 있는 광고가 나오고 있다.

"좋은 콩으로 만든 두부가 당연히 몸에도 좋겠죠? 그래서 예전에는 음식에 들어가는 두부는 좋은 콩을 사서 직접 만들어 먹었어요. 그런데 콩밭골 두부공장에서 만든 두부를 알고 나서 한 가지 일을 덜게 되었지요. 좋은 씨앗만 골라 직접 기른 콩으로 두부를 만드니까 믿을 수 있거든요. 자, 두부 부침은 다 만들었으니 이제 찌개용 두부를 넣고 두부찌개를 만들어 볼까요?"

어릴 때부터 우리 음식을 좋아하던 꼬불이는 물론이고 예전에는 피자나 햄버거를 더 좋아했던 꼬질이도 요즘은 구수한 찌개에 알맞게 익은 김치, 잘

구운 김이 있으면 최고의 밥상이라고 생각한다.

"우와, 먹고 싶다. 저 찌개에 넣은 두부 정말 먹음직스럽지? 오늘 저녁에 두부 된장찌개 먹었으면 좋겠다. 누나, 저 두부가 뭐라고 했지?"

찌개가 보글보글 끓으면서 김이 모락모락 나는 것을 보면서 꼬질이는 침이 꼴깍 넘어갔다. 구수한 냄새가 콧속에 스며드는 착각이 들도록 찌개가 맛있게 끓고 있는 것을 보니까 꼬불이도 콩밭골 두부로 끓인 두부 된장찌개가 갑자기 먹고 싶어졌다.

광고는 물건을 사서 쓰는 소비자들에게 새로운 물건을 알리거나, 이미 알려진 물건이라도 계속 관심을 갖게 해서 많은 물건을 팔려는 목적으로 만들어진다. 그래서 소비자의 지갑을 열 수 있는 여러 가지 방법이 사용된다. 두부 광고를 본 꼬불이와 꼬질이가 두부찌개가 먹고 싶어졌다면 광고가 제대로 자기 할 일을 했다고 볼 수 있다.

텔레비전과 라디오, 신문이나 잡지는 물론 버스, 지하철, 건물 위 옥상, 심지어 아파트 엘리베이터 속까지 사람들의 눈길이 가는 곳에서는 어김없이 얼굴을 내미는 광고. 인터넷 사이트에도 필요한 정보보다 광고가 먼저 눈길을 끌고, 메일을 열면 광고 메일이 더 많을 정도로 사이버 공간에서도 광고가 판을 치고 있다.

이렇게 넘쳐나는 광고의 유혹을 이기지 못한 사람들이 사고 싶은 것이 많이 생겼을 때 가는 곳은 어디일까?

광고가 없다면?

　광고의 유혹을 이기지 못하고 꼭 필요하지 않은 물건이나 분수에 넘치게 비싼 물건을 사고 후회하는 경우가 있다. 그래서 광고는 광고를 만드는 사람들에게만 이익을 주고 소비자들에겐 나쁜 영향을 끼친다고 생각하기 쉽다. 정말 그럴까? 광고가 없다면 어떤 일이 생기게 될지 알아보기로 하자.

1. 텔레비전 시청료가 비싸진다.
　방송 프로그램을 만들려면 엄청나게 많은 돈이 들어간다. 방송국은 광고를 하는 기업들이 광고 방송의 대가로 내게 되는 광고비로 프로그램을 만든다. 만약 프로그램 만드는 돈을 모두 시청자가 내야 한다면 텔레비전 시청료는 아주 비싸지게 된다.

2. 물건 가격이 비싸진다.
　물건 가격에는 광고비가 포함되어 있다. 그래서 물건마다 차이는 있지만 광고비가 들어가지 않는다면 물건 가격이 20~50% 정도 싸질 수 있다고 한다. 그러나 시간이 지나면 다른 결과가 나타난다. 많은 사람들에게 알려진 물건은 많은 양을 만들어 팔 수 있어 물건 한 개를 만드는 데 들어가는 돈을 줄일 수 있다. 그런데 광고가 없어져서 많은 물건을 만들어 팔지 못하게 되면 오히려 물건 한 개를 만드는 데 돈이 더 들어가게 되어 물건 가격이 비싸진다.

3. 물건 고르기가 힘들어진다.
　우리가 매일 사용하는 치약의 종류만 해도 수없이 많다. 광고가 없어서 물건에 대한 정보를 모르기 때문에 물건을 살 때마다 일일이 물건을 살펴보며 비교해야 한다면 물건 고르기가 힘들어질 것이다. 소비자는 광고를 통해서 물건에 대한 정보를 얻게 되며, 이런 정보를 갖고 알맞은 선택을 할 수 있다.

물건을 사러 할인점에 가자

대형 할인점의 판매 전략은 한 개의 물건을 팔 때 생기는 이윤은 크지 않지만 팔리는 물건의 양을 늘려서 이익을 내는 것이다. 그래서 대형 할인점은 동네 가게나 백화점보다 물건을 싸게 판다.

혹시나 했지만 역시나 꼬물꼬물 여사님의 장바구니에 콩밭골 두부는 들어 있지 않았다. 실망한 꼬불이와 꼬질이는 콩밭골 두부로 만든 두부찌개가 더 먹고 싶어졌다.

"콩밭골 두부 가격은 다른 두부보다 비싸던데. 혹시 할인점에서는 싸게 팔까? 그렇게 먹고 싶으면 내일 할인점에 같이 가 보자. 이것저것 살 것이 많으니까 너희들이 도와주면 엄마도 편하지."

다음날 꼬불이는 친구들과 함께 해야 할 숙제가 있어서 시간을 내지 못하고, 꼬질이만 할인점에 따라갔다. 알뜰한 꼬물꼬물 여사님은 가격을 따져 보고 물건을 사기 때문에 혹시라도 비싸면 사지 않을 것이 뻔하다. 그래서 꼬불이는 꼬질이에게 그동안 광고를 보면서 먹고 싶었던 것들을 적어 주었다.

할인점은 카트를 밀고 다니기가 불편할 정도로 손님이 많았다. 다행히 콩밭골 부침 두부 하나를 사면 찌개 두부 하나를 덤으로 주고 있어서 꼬물꼬물 여사님도 별 말 없이 두부를 카트에 담았다. 동네 슈퍼마켓과 가격을 비교하면 가격이 싼 물건이 너무 많아서 카트에는 금방 물건이 가득 찼다.

지금까지 맛보기 음식에만 관심이 있었던 꼬질이였지만 갑자기 한 가지 의문이 생겼다.

'사람들이 멀어도 할인점으로 물건을 사러 오는 이유는 다른 곳보다 물건을 싸게 팔기 때문이겠지. 그런데 할인점에서는 왜 물건을 싸게 파는 걸까?'

우선 물건 값이 어떻게 정해지는지 알아보자. 물건을 파는 사람은 물건을 만든 사람한테서 사들인 물건 값에 적당한 이윤을 붙여서 물건 값을 매긴다. 예를 들어 동네 가게가 머핀 한 개를 700원에 사서 이윤을 300원 붙인다면 머핀 가격은 한 개에 1,000원이 된다. 이때 이윤이란 물건을 팔고 남긴 돈을 말한다. 할인점에서는 머핀 12개 한 박스를 5,100원에 사서 한 박스에 1,800원 이윤을 붙이면 가격은 한 박스에 6,900원이 된다.

그렇다면 대형 할인점은 어떤 식으로 돈을 많이 버는 걸까? 물건 하나에서 남기는 이윤은 작더라도 많이 팔아서 전체적인 이윤을 크게 하는 것이다. 즉 머핀 한 개를 팔았을 때 생기는 이윤은 150원으로 동네 가게의 절반이지만 한 번에 12개가 팔리도록 포장을 해서 전체 이윤을 크게 하는 것이다.

그래서 대형 할인점에서는 물건 값을 싸게 하는 대신 더 많은 물건을 팔기 위해 머리를 쥐어짠다. 크게 포장된 물건을 살 경우 작게 포장된 물건을 사는 것보다 유리하게 가격을 정하거나, 여러 개를 묶어서 판매하는 상품의 가격을 낱개로 살 때보다 유리하게 매기는 방법이 대표적인 예이다.

또 물건을 만들어 파는 생산자와 물건을 사는 소비자 사이에 중간상인이 많으면 많을수록 물건 값이 비싸진다. 할인점은 팔리는 양이 많으니까 중간상인을 거치지 않고 생산자로부터 직접 물건을 살 수 있다. 우리가 집에서 매일 사용하는 휴지나 치약과 같은 공산품은 많은 양을 공장에서 싸게 사고, 쌀이나 채소와 같은 농산물도 생산지에서 직접 구매한다. 이렇게 하면 중간상인에게 물건을 사서 파는 동네 가게보다 물건을 싸게 살 수 있으니까 싸게 팔아도 이윤이 남는다.

그리고 물건을 파는 매장을 화려하게 꾸미지 않고 창고처럼 만들어 놓고 물건을 팔기 때문에 매장을 관리하는 데 필요한 돈도 적게 든다. 손님이 직접 물건을 고르고 운반하므로 직원이 많이 필요하지 않아서 직원들에게 줘야 할

월급도 절약할 수 있다. 즉 물건 하나를 팔기 위해서 들어가는 돈이 적기 때문에 싸게 팔아도 손해를 보지 않는다.

그런데 꼬물꼬물 여사님의 지갑 속에는 얼마나 많은 돈이 들어 있기에 카트를 가득 채우고도 계속 이 물건 저 물건 살펴보는 걸까? 아니면 '돈 나와라, 뚝딱' 하면 돈이 나오는 도깨비 방망이라도 숨겨 온 걸까?

매출을 올리기 위한 할인점의 전략!

1. 물건을 담는 카트는 왜 크고 무겁게 만들어졌을까?

크고 무거운 카트는 물건을 많이 사야만 할 것 같은 기분이 들게 만든다. 사람들은 카트 속을 모두 채워야 할 것 같아서 더 사야 할 물건을 찾아 매장 안을 돌아다니게 된다. 또 무거운 카트를 밀다 보면 걸음이 느려져서 사람들은 물건을 더 많이 살펴보게 되고, 더 많은 물건을 사게 된다.

2. 계산대 주변에 작은 진열대를 만든 이유는?

사람들이 붐비는 할인점에서 계산을 하려면 줄을 서서 기다려야 한다. 그런데 계산대 주변에는 껌이나 초콜릿, 일회용 면도기 등 부담 없이 살 수 있는 물건들을 정리해 놓은 작은 진열대가 있다. 많은 사람들이 계산 순서를 기다리면서 무심코 진열대를 보다가 껌이나 사탕을 사게 된다. 계산대 주변의 진열대에는 다시 한 번 사람들의 눈길을 끌어 물건을 팔기 위한 숨은 뜻이 담겨 있다.

3. 식품 코너가 한쪽 구석에 위치한 이유는?

주부들은 대부분 식품을 사기 위해서 대형 할인점에 온다. 그런데 할인점의 식품 코너는 하필이면 왜 가장 구석에 있어서 사람들을 불편하게 만들까? 식품을 사기 전에 다른 매장을 둘러보라는 의도이다.

4. 물건을 진열하는 위치가 다른 이유는?

어린이들이 좋아하는 인형이나 로봇은 낮은 위치에, 주부들이 좋아하는 예쁜 그릇이나 유리잔은 높은 위치에 진열되어 있다. 물건을 사는 사람의 눈높이에 맞춰 진열해 놓아야 눈길을 더 많이 끌 수 있기 때문이다.

할인점에서 신용카드를 많이 쓰게 되었다

신용카드는 돈 대신에 사용할 수 있어서 '제3의 화폐'라고 불리기도 하고, 플라스틱으로 만들어져 있어서 '플라스틱 머니'라고도 한다. 그러나 사실은 돈이 아니라 물건을 먼저 사고 나중에 돈을 낼 수 있게 해 주는 도구이다.

할인점에는 콩밭골 두부처럼 하나 가격에 둘을 주는 물건뿐만 아니라 특별히 싸게 파는 물건도 많아서 장보기 목록에 들어 있지 않았던 것까지 사게 되었다.

최근에 새로 나온 제품인 탱탱 주스가 눈에 띄었다. 꼬불이가 좋아하는 탱탱 오렌지주스와 꼬질이가 좋아하는 탱탱 포도주스를 묶어서 한 개씩 따로 파는 가격보다 훨씬 싸게 팔고 있었다. 꼬질이는 슬그머니 두 묶음을 카트에 담았다. 꼬물꼬물 여사님은 슬쩍 쳐다보았지만 별로 나무라는 눈치는 아니었다.

꼬질이는 혹시라도 가지고 있는 돈이 모자라서 카트에 담았던 물건을 도로 꺼내야 되지 않을까 걱정이 되었다.

계산대에서 꼬물꼬물 여사님이 꺼낸 것은 돈이 아니라 신용카드였다.

"이런, 생각보다 돈을 너무 많이 썼구나."

물건을 담으면서 한마디 하셨지만 꼬질이가 허락받지 않고 담았던 물건들도 모두 카트에서 꺼내 장바구니에 나누어 담았다.

꼬질이는 돈이 없어도 물건을 살 수 있는 신용카드가 아주 편리하게 느껴졌다. 누군지 신용카드를 처음 만든 사람에게 절이라도 하고 싶어졌다.

신용카드는 돈 대신에 사용할 수 있어서 '제3의 화폐'라고 불리기도 하고 플라스틱으로 만들어져 있어서 '플라스틱 머니'라고도 한다. 그러나 사실은 돈이 아니라 물건을 먼저 사고 나중에 돈을 낼 수 있게 해 주는 도구이다. 최

근에는 인터넷을 통해서 물건을 사고, 비행기 표나 기차표, 영화 티켓 등을 사는 일이 많아졌는데 이런 경우 신용카드는 더욱 편리한 지불 수단이 되었다. 이런 편리함 때문에 신용카드를 하나쯤 가지고 있었으면 좋겠다고 생각하는 어린이나 청소년이 있을지도 모른다. 하지만 신용카드 회사들은 보통 18세 이상인 사람에게만 신용카드를 만들어 주기 때문에 지금은 가질 수 없다.

나중에 어른이 되어서 신용카드를 가질 수 있게 되더라도 마음 내키는 대로 신용카드를 쓰면 큰일 난다. 신용카드로 쓴 돈은 반드시 갚아야 하는 빚이나 마찬가지이다. 당장 돈이 나가지 않는다고 신용카드만 믿고 갚을 수 있는지 따져 보지도 않고 돈을 쓰다 보면 나중에 쩔쩔매게 될 수도 있다. 안타깝게도 마구 신용카드를 쓴 후 많은 빚을 지고 고통을 당하다가 스스로 목숨을 끊는 사람도 있다. 그래서 신용카드를 쓰기 전에 나중에 갚을 수 있는지, 갖고 싶지만 정말로 필요한 물건인지 항상 생각해 보아야 한다.

꼬물꼬물 박사님의 마무리

　광고는 왜 하는 걸까? 광고는 보통 기업이 자기 제품을 알리기 위해서 하지. 그래서 광고를 보면 사람들에게 그 제품을 사고 싶은 마음이 들도록 만들어.

　광고를 보고 여러 가지 제품에 대한 정보를 얻게 되어 이것저것 사고 싶은 물건이 많을 때, 조금이라도 물건을 싸게 사려면 물건 값이 싼 곳을 찾아가겠지? 그럴 때 많이 찾는 곳이 대형 할인점이란다. 할인점에서는 물건 한 개를 팔 때 생기는 이윤은 작아도 파는 양을 늘려서 이익을 높인단다. 그래서 대형 할인점은 동네 가게나 백화점보다 물건을 싸게 팔아.

　할인점에서 싸게 판다고 이것저것 고르다 보면 금방 카트가 가득 차게 될 거야. 지갑 속에 충분한 돈이 들어 있는지 다시 살펴보아야겠다고? 하지만 물건을 먼저 사고 나중에 돈을 낼 수 있게 해 주는 도구인 신용카드가 있다면 지갑 속을 살펴보지 않아도 되지.

　이런, 돈 걱정하지 않고 쇼핑을 하다 보니 돈을 너무 많이 썼네. 결국은 갚아야 되는 돈이라 신용카드를 쓸 때는 조심해야 하는 건데.

가상 토크
상상으로 꾸며 본
샘 월튼과 프랑크 맥나마라의 저녁 식사

샘 월튼

미국의 경제 잡지인 〈포브스〉는 나를 1985년 세계 최고 부자로 뽑았어요. 내가 세운 미국 최대의 대형 할인점인 월마트가 장사를 잘해 준 덕분이죠. 그런데 손님들 대부분이 물건 값을 신용카드로 계산합니다. 따지고 보면 우리가 장사를 잘할 수 있었던 것은 맥나마라 씨가 발명해 낸 신용카드 덕택이라 감사의 마음을 전하고 싶어 저녁 식사 초대를 한 겁니다.

프랑크 맥나마라

그렇다면 부담 없이 비싼 음식을 주문해도 되겠네요. 물론 신용카드는 가지고 계시겠죠?

샘 월튼

당연하죠. 한데 맥나마라 씨는 천재인가 봐요. 그런 기막힌 발명을 하시다니.

프랑크 맥나마라

사실은 같은 실수를 되풀이하기 싫어서 생각해 낸 것이 신용카드입니다. 1949년에 사업상 중요한 고객과 뉴욕에 있는 한 식당에서 저녁 식사를 끝내고 음식 값을 내려고 보니까 지갑이 없지 뭐예요. 양복을 바꿔 입으면서 지갑 챙기는 것을 깜박한 거죠. 연락을 받은 아내가 급히 식당으로 돈을 가져와서 위기를 넘겼지만, 지금도 그때 일을 생각하면 진땀이 납니다. 1950년에 변호사였던 친구 랄프 슈나이더와 함께 다이너스카드를 만들었어요. 처음 회원은 200명 정도였는데, 회원들에게 카드를 하나씩 만들어 주었죠. 식당 주인들에게 먼저 식사를 하고 나중에 돈을 갚아도 되는 사람이라는 것을 알려 주는 도구였어요. 이 카드가 바로 세계 최초의 신용카드랍니다.

샘 월튼

하하, 20세기 최고 발명품의 하나인 신용카드를 만든 분과 자리를 함께 하다니 오히려 제가 영광입니다.

프랭크 맥나마라

하지만 난 어리석게도 1952년에 다이너스 신용카드 회사를 다른 사람에게 팔아 버려서 굉장한 부자가 될 수 있는 기회를 놓쳤어요. 지금은 나중에 생긴 아멕스카드나 비자카드가 다이너스카드보다 훨씬 더 유명하죠.

샘 월튼

아니, 그런 실수를 하시다니. 난 다른 사람의 아이디어를 본떠서 사업을 시작했지만 그 분야에서 최고가 되었으니 정반대라고 할 수 있군요. 내가 월마트를 세운 건 1962년인데, 이미 미국에는 작은 할인점이 여러 개 있었죠. 참, 우리보다 훨씬 빨리 성장해서 오랫동안 미국 대형 할인점 1위를 지켰던 K마트도 같은 해에 생겼어요. K마트는 도시의 좋은 자리에 점포를 내었는데, 우리는 반대로 시골 한적한 곳에 점포를 열었어요. 광고도 잘 하지 않고, 매장 운영비도 최소로 줄였기 때문에 다른 곳보다 싼 가격으로 물건을 팔 수 있었어요.

프랭크 맥나마라

월마트는 '언제나 낮은 가격'이라는 정책으로 결국 미국 대형 할인점 시장 1위를 차지하는 성공을 거두게 되었다고 들었어요. 또 직원을 위하는 경영 전략도 유명하죠?

샘 월튼

월마트에서는 점포별 이익의 4%를 종업원들에게 나누어 주고 있어요. 직원들이 회사를 아껴야 회사가 클 수 있으니까요. 자, 식사가 나왔으니 먹으면서 이야기를 나누죠.

3. 웰빙에 대한 관심이 닭튀김 가격을 올렸다고?

웰빙에 대한 관심이 높아졌다

웰빙은 건강한 몸과 마음으로 즐겁고 행복하게 살기 위한 생활 방식을 통틀어 일컫는 말이다.

웰빙 샌드위치, 웰빙 화장품, 웰빙 냉장고, 웰빙 아파트, 심지어 웰빙 예금까지. 요즘 나오는 모든 상품에는 웰빙이라는 말이 붙는 것이 아닌가 할 정도로 웰빙이라는 말이 유행이다.

웰빙은 건강한(well) 삶(being)을 뜻하는 영어 단어인 'well-being'을 그대로 쓰는 말인데, 우리말로는 참살이라고 한다. 참살이는 몸과 마음, 일과 휴식, 가정과 사회 등 모든 것이 조화를 이루어 어느 한쪽으로 치우치지 않는 생활 방식이다.

집집마다 소득이 늘어나면서 잘 먹고 잘 사는 것에 대한 관심이 많아지게 되고, 몸과 마음에 좋은 물건들을 찾게 된다. 그래서 이 말이 건강한 몸과 마음에 관련된 여러 부분에 붙게 되었다.

　웰빙에서 가장 중요하다고 보는 것은 건강이다. 그래서 건강에 좋지 않은 패스트푸드나 인스턴트 식품 대신 농약을 쓰지 않고 키운 유기농이나 친환경 농산물이 인기를 끌고 있다. 친환경 유기농 매장의 채소와 과일들은 일반 제품보다 가격이 비싸고 모양이 나빠도 찾는 사람이 꾸준히 늘고 있다. 농약을 뿌리지 않고 키운 증거라고 벌레 먹은 과일을 오히려 더 좋아하는 사람들도 있다. 검은 콩 우유, 녹차 먹인 돼지고기, 대나무로 만든 내의, 유기농 기저귀 등 값은 비싸지만 건강에 좋다는 말로 소비자의 관심을 끄는 웰빙 제품이 계속해서 나오고 있다.

　육체적인 건강뿐 아니라 정신적인 건강에 대한 관심도 높아져서 요가나 명상을 하는 사람들이 늘어나고 찜질방, 발 마사지 등에도 갑자기 관심이 많아졌다.

　건강한 삶을 가꾸려는 사람들이 많아지면서 사는 물건의 종류가 서서히 바뀌고 있다. 그렇다면 음식을 튀기거나 볶을 때 사용하는 식용유를 선택할 때에도 바뀐 게 있을까?

로하스(LOHAS)란 뭘까?

식품뿐 아니라 생활용품이나 아파트 광고, 심지어 가전제품 광고에도 로하스라는 말이 등장하기 시작했다. 웰빙이 개인이나 가족 단위로 잘 먹고 잘 살자는 데만 신경 쓴다는 비판이 일면서, 이에 대한 반성으로 나타난 것이 로하스이다.

로하스는 개인의 건강과 함께 환경 보전이나 환경오염에 대해 관심을 갖는 생활 방식(Lifestyle Of Health And Sustainability)을 가리키는 말로, 영어의 머리글자를 모아 만든 말이다. 즉 지구의 미래를 걱정하는 사람들의 생활 방식으로 자신과 가족의 건강뿐만 아니라 사회 전체와 이웃과 지구를 생각하는 삶의 자세이다.

로하스를 중요하게 생각하는 사람들은 물건 하나를 살 때도 친환경 방식으로 재배되었는지, 재생 원료를 사용했는지, 물건을 생산하는 기업이 로하스를 중요하게 생각하는지를 꼼꼼하게 따져 본다.

유기농 채소, 태양전지, 재활용 종이나 섬유 등이 대표적인 로하스 제품들이다.

로하스를 기업 이념으로 삼는 회사들도 늘어나고 있다. 친환경 소재만으로 제품을 만들겠다는 기업도 있고, 기업 이익금의 일부를 환경 운동 단체에 기부하거나 환경보호 사업에 사용하겠다는 기업도 있다.

미국에서 이루어진 한 설문 조사에서는 자신을 로하스 족이라고 대답한 사람의 비율이 약 30%였다고 한다. 우리나라에서도 환경문제에 관심을 갖는 사람들이 많아지면서 로하스를 추구하는 사람들이 점점 늘어나고 있다.

웰빙으로 올리브유 소비가 늘었다

올리브유는 일반 식용유에 비해 가격이 4배 이상 비싸다. 그러나 올리브유가 성인병 예방과 다이어트에 효과가 있다고 알려지면서 소비량이 늘어나고 있다.

얼마 전까지만 해도 가정에서 사용하던 식용유는 대부분 콩이나 옥수수를 원료로 만들었다. 하지만 1996년에 우리나라에 올리브유가 수입되기 시작하면서 올리브유 소비량이 늘기 시작해서 2004년 현재 전체 식용유 시장의 20% 정도를 차지하게 되었다. 1996년에는 10억 원이었던 올리브유 판매액은 2001년에는 80억 원, 2002년에는 170억 원, 2003년에는 350억 원, 2004년에는 800억 원으로 빠르게 늘어났다.

올리브유는 일반 식용유에 비해 가격이 4배 이상 비싸다. 그러나 올리브유에 포함된 불포화지방산과 비타민E, 셀레늄, 올레인산 등이 성인병 예방과 다이어트에 효과가 있다고 알려지면서 소비량이 늘어나고 있다. 유전자 변형 농산물로 자주 입에 오르내리는 옥수수나 콩으로 만든 식용유보다 올리브유가 안전한 천연 식품이라는 점도 소비를 늘리는 데 한몫을 하고 있다. 그래서 건강에 관심을 갖는 소비자에게 올리브유는 대표적인 웰빙 상품으로 자리 잡게 되었다.

웰빙 덕분에 가정에서는 값비싼 올리브유의 소비가 늘어났지만 과연 이러한 변화가 식용유로 요리한 제품을 만들어 파는 기업에도 영향을 미칠까?

소득이 늘면 돼지고기 소비가 줄어드는 이유는?

보통 사람들은 돈을 더 벌면 소비를 늘린다. 반대로 버는 돈이 줄어들면 소비도 줄어든다. 그래서 소득이 늘어나면 사고자 하는 욕구인 수요가 커지고, 소득이 줄어들면 수요도 줄어든다. 그러나 소득이 늘어나면 오히려 수요가 줄어드는 상품도 있다.

우리나라에서 옥수수나 콩으로 만든 식용유 소비가 줄어들고 올리브유 소비가 늘어난 이유는 웰빙에 대한 관심이 높아진 탓도 있지만 1인당 국민소득이 증가한 탓도 있다.

1인당 국민소득이란 국민 한 사람이 1년 동안 벌어들인 돈을 말한다. 소득이 늘어나면서 올리브유에 대한 소비는 늘었고, 오히려 콩기름이나 옥수수기름에 대한 소비는 줄어들게 되었다. 이처럼 소득이 늘어났을 때 수요가 늘어나는 재화는 '정상재'라고 하고, 반대로 수요가 줄어드는 재화는 '열등재'라고 한다. 재화란 쉽게 말해서 눈에 보이는 상품이다.

돼지고기를 주로 먹던 가정에서 소득이 높아지면서 돼지고기 소비량이 줄어들고 소고기 소비량이 늘어나는 이유는 소고기는 '정상재'이고 돼지고기는 '열등재'이기 때문이다.

3. 웰빙에 대한 관심이 닭튀김 가격을 올렸다고?

올리브유로 튀긴 닭을 팔자

어느 유명 치킨 회사에서 닭을 튀기는 기름으로 올리브유를 사용하기로 했다.

올리브유는 튀김, 부침, 볶음 등의 요리를 할 때 많이 사용되고 있다. 올리브유로 튀김을 만들 경우 몸에 좋지 않은 콜레스테롤이 전혀 없어 새우와 같이 콜레스테롤이 높은 음식을 조리할 경우 특히 좋다. 또 튀김 맛이 더 고소하고, 튀김 후 올리브유가 요리에 스며들어 기름이 흐르지 않아 바삭한 맛이 오래간다. 그래서 올리브유를 튀김 기름으로 사용하는 가정이 늘어나고 있다.

하지만 올리브유로 튀긴 요리가 맛도 좋고 몸에도 좋다고 해도 튀김을 전문적으로 판매하는 기업이 일반 가정과 같이 비싼 올리브유로 바꾸기는 쉽지 않다. 기업은 이윤을 남겨야만 살아남을 수 있다. 이윤을 높이려면 물건을 만드는 데 들어가는 돈인 원가를 낮추어야 한다. 원가를 낮추기 위해서 노력해야 하는 기업 쪽에서는 콩이나 옥수수로 만든 식용유 대신 값이 4배나 비싼 올리브유를 사용한다는 것은 생각하기 힘든 일이다.

그런데 한 유명 치킨 회사에서 이런 발표를 했다.

"닭을 튀기는 기름으로 올리브유만을 사용하겠다. 올리브유 가운데서도 가장 고급 품질만을 사용하겠다."

기업의 목적이 이윤을 남겨서 돈을 버는 것인데 갑자기 비싼 원재료로 바꾼다면 어떻게 해야 계속 이윤을 남길 수 있을까?

닭튀김 가격을 올려라

비싼 재료를 사용했으니까 닭튀김 가격을 올릴 수밖에 없다. 대신 웰빙을 앞세우면 판매량이 줄어들지 않을 것이다.

닭을 튀기는 기름으로 올리브유만을 사용하겠다고 결정한 기업에서 맨 처음 생각한 것은 요즘 사람들의 웰빙에 대한 관심이다. 그 기업은 가정에서 튀김 기름으로 올리브유를 사용하는 부모들 중에는 사 먹는 음식도 콩기름이나 옥수수기름 대신 올리브유를 사용했으면 좋겠다고 생각하는 사람들이 있을 거라고 판단했다.

그러나 올리브유를 사용하여 원가가 올라간 닭튀김을 예전과 같은 가격으로 팔면 손해를 보게 된다. 계속 이윤을 보려면 방법은 단 하나다. 닭튀김 가격을 올리는 수밖에 없다. 적어도 한 마리당 2,000원은 올려야 손해를 보지 않고 이윤을 남길 수 있다.

이럴 경우 올리브유를 사용해서 닭을 튀기고 가격을 올렸을 때 과연 소비자들이 어떤 식으로 나올지 생각해 봐야 한다. 그런데 웰빙에 대한 관심을 자극하는 광고를 계속하면 가격이 오른 것에는 신경을 쓰지 않고 살 사람들이 분명히 있다는 확신이 들었다. 이 회사는 국민 건강을 생각하는 기업이라는 느낌을 사람들의 마음에 심어 주면, 많은 사람들이 이곳에서 만든 닭튀김을 믿고 사 먹을 거라고 판단했다. 그러면 가격을 올리고 다른 기업에서 만든 닭튀김과는 재료부터 다르다는 것을 광고하는 쪽으로 방향을 잡게 된다.

　웰빙의 영향으로 가격이 비싸도 몸에 좋은 재료를 사용하여 만든 제품이 많이 팔리면, 이런 제품을 만드는 기업들이 늘어날 것 같다.

물건 가격은 어떻게 정해지나?

　물건 가격에는 그 물건을 만들기 시작해서 소비자에게 전해지기까지 모든 과정에 들어간 비용과 이윤이 모두 포함된다.

　공장에서 물건을 만들기 위해 들어가는 비용의 종류는 아주 많다. 원료비, 기계 등을 사기 위한 시설비, 일하는 사람들에게 주는 급여, 전기, 전화, 수도 요금 및 운반비, 기타 필요한 모든 비용을 합쳐서 원가를 계산한다. 여기에 공장의 이윤이 붙어서 공장도 가격이 정해진다.

　이렇게 정해진 공장도 가격에 물건을 직접 판매하는 곳의 비용과 이윤, 세금 등이 더해져서 물건 가격이 결정된다.

　그래서 원료비가 올라가거나 일하는 사람들에게 주는 급여가 올라가게 되면 물건 가격은 올라가게 된다.

꼬물꼬물 박사님의 마무리

　최근 들어 광고에 자주 등장하는 말 중 하나가 웰빙이야. 웰빙은 건강한 몸과 마음으로 즐겁고 행복하게 살기 위한 생활 방식을 통틀어 일컫는 말이란다. 우리말로는 참살이라고 하지. 웰빙에서 가장 중요하게 생각하는 것은 건강이야. 그래서 비만과 성인병을 부르는 패스트푸드나 인스턴트 식품 대신 유기농이나 친환경 농산물이 인기를 끌고 있단다.

　올리브유는 대표적인 웰빙 식품이라고 할 수 있어. 올리브유는 다른 식용유에 비해 가격이 4배 이상 비싸지만 몸에 좋다고 알려지면서 찾는 사람들이 늘어나고 있단다.

　그런데 어느 유명 치킨 회사에서 닭을 튀기는 기름으로 올리브유만을 사용하기로 했어. 비싼 재료를 사용해서 원가가 높아졌으니까 닭튀김 가격을 올릴 수밖에 없겠지? 그렇지만 이 회사는 웰빙으로 건강에 대한 관심이 높아졌으니까 가격이 비싸더라도 분명히 많이 팔릴 거라고 확신했단다.

　꼬물꼬물 여사님, 우리도 오늘은 올리브유로 튀긴 양념 통닭 먹고 힘냅시다!

키즈 마케팅, 어린이를 잡아라

광고에 나오는 과자는 무조건 먹고 싶고, 광고에 나오는 상품은 무조건 사고 싶은 꼬질이가 오늘은 광고 회사를 찾아갔다.

꼬질이

저는 늘 용돈이 부족합니다. 누나는 내가 광고의 유혹에 잘 넘어가서 군것질을 너무 많이 하기 때문이라고 해요.

광고 회사 직원

꼬질이에게는 미안한 말이지만 우리의 키즈 마케팅 광고 효과가 있다는 말이어서 기분이 좋은데.

꼬질이

키즈 마케팅? 처음 듣는 말인데.

광고 회사 직원

어린이들을 대상으로 하는 마케팅을 키즈 마케팅이라고 한단다. 요즘은 어린이들이 상품을 직접 고르는 경우가 많아졌지. 그래서 어린이들이 무엇을 좋아하는지를 분석하고 어린이의 눈높이에 맞춘 다양한 방법의 키즈 마케팅이 활발해지고 있어.
한 가지만 물어 보자. 네가 제일 좋아하는 껌이 뭐야?

꼬질이

'베리베리통통'이요. 어린이 프로를 보는데 광고가 나와서 샀어요. 그런데 풍선껌 속에 왕구슬 껌이 들어 있는 것이 재미있어서 제일 좋아하는 껌이 됐어요.

광고 회사 직원

제일 좋아하는 과자는?

꼬질이

사실은 제 취미 중 하나가 '홀로그램 딱지 모으기'예요. 그래서 과자를 먹고 싶어서가 아니라 딱지를 모으려고 과자를 사요. 홀로그램 딱지가 들어 있는 과자는 무엇이든지 좋아해요.

광고 회사 직원

어린이들의 관심이나 취미는 어른들과는 다르단다. 그래서 키즈 마케팅에 성공하려면 어린이들이 어떤 것에 관심이 많고 무엇을 궁금해하는지 먼저 알아야 해.

꼬질이

참, 한 가지 궁금한 것이 있어요. 어린이용 프로그램 시간에는 대부분 어린이들이 좋아하는 상품 광고를 해요. 그런데 씽씽이와 같은 자동차 광고를 왜 어린이들이 TV 보는 시간에 하는 거예요?

광고 회사 직원

지금 당장은 자동차를 살 수 없지만 어릴 때부터 좋다고 느낀 회사의 자동차를 어른이 되었을 때 살 확률이 높으니까 미래에 대한 투자를 하는 거야. 그것도 일종의 키즈 마케팅이야.

꼬질이

그렇구나. 이제부터는 사고 싶은 것이 있으면 이렇게 따져 봐야겠어요. 정말 필요한 것이야? 아니면 키즈 마케팅에 넘어간 거야?

광고 회사 직원

큰일 났다. 어린이들이 모두 꼬질이처럼 똑똑해지면 아저씨가 광고 만들기가 점점 힘들어지는데.

3. 웰빙에 대한 관심이 닭튀김 가격을 올렸다고?

4. 부자는 찰흙이 만들어 준다고?

둥둥~

어어~ 폴짝

ZZZ~

앗! 방금 꾼 꿈이 바로 돼지꿈! 아빠~ 이건 부자가 될 징조예요. 우리 복권 사요.

복권?

투자를 잘하는 사람이 부자가 된다

옛날에는 땅을 많이 가진 사람이 부자였지만 요즘은 투자를 잘하는 사람이 부자가 된다.

장래 희망을 이야기할 때 부자가 되고 싶다는 어린이들이 많다. 부자에 대한 연구를 한 사람들은 한결같이 '큰 부자는 하늘이 도와야 하지만, 돈을 관리하는 능력을 기르면 작은 부자는 누구나 될 수 있다'고 한다. 부자라고 해서 모두 행복하게 사는 것은 아니다. 하지만 대부분 사람들이 가난하게 사는 것보다는 여유 있는 생활을 하면서 힘든 사람들을 도울 수 있을 정도로 부자였으면 좋겠다고 한다. 돈 관리를 잘해서 돈이 불어나면 부자가 된다는데 어떤 방법들이 있을까?

불과 20~30년 전만 해도 보통 사람들이 알고 있는 투자는 은행에 돈을 저축하는 것이 가장 일반적이었다. 투자란 이익을 얻기 위해 돈이나 시간 또는 정성을 쏟는 것을 말한다. 달마다 조금씩 저축을 하는 정기적금을 들고, 그 적금을 다 부어 어느 정도 목돈이 생기면 그 돈을 정한 날까지 은행에 맡겨 두는 정기예금에 들어서 이자를 받아 돈을 불렸다. 하지만 요즘은 더 다양한 방법으로 사람들이 투자를 하고 있다. 사람들은 은행 예금뿐만 아니라 돈을 더 많이 불릴 수 있는 채권이나 주식 투자를 하고 있다. 특히 워런 버핏이나 조지 소로스와 같은 전문 투자자들이 세계적인 부자라고 불리게 되고, 이들의 말 한 마디 한 마디가 세계 경제에 영향을 주면서 주식 투자에 대한 관심은 더욱 높아지고 있다.

채권은 국가, 공공 기관, 기업, 금융기관 등이 일정한 이자를 주기로 하고 투자자들로부터 돈을 빌렸다는 것을 나타내는 증서이다. 국가나 공공 기관이 임대주택이나 지하철 건설과 같은 특별한 사업을 위해 발행한 채권을 국공채라고 하고, 기업이 돈을 빌리기 위해서 발행한 것은 회사채라고 한다. 채권은 믿을 수 있는 기관이 발행하므로 안전하고 예금보다 이익을 많이 볼 수 있어서 좋은 투자 수단이 된다.

그러나 예금과 달리 아무 때나 돈을 돌려 달라고 할 수 없다. 채권에 표시되어 있는 대로만 원금을 갚고 이자를 주기 때문이다. 대신 돈을 돌려받기로 정해 놓은 날짜가 되기 전에 돈이 필요하면 은행이나 증권회사와 같은 금융기관을 통해서 그 채권을 다른 사람에게 팔면 된다.

주식은 주식회사를 처음 만들면서 회사를 꾸려 나가는 데 필요한 돈을 마

련할 때나 사업을 늘리기 위해 돈이 더 필요할 때 발행한다. 어떤 회사의 주식을 가지고 있는 사람, 즉 그 회사의 주인들을 주주라고 한다. 주식회사는 이익이 생기면 그 이익의 일부를 주주들에게 나누어 주게 되는데 이 돈을 배당금이라고 한다. 그래서 이익이 나는 회사의 주식을 사면 배당금을 받을 수 있다.

주식의 가치는 회사가 돈을 잘 벌고 있는지 또는 돈을 잘 벌 수 있는지에 따라 달라지기 때문에 주식의 가격인 주가는 계속 바뀐다. 물건이 잘 팔려서 이익이 많이 나게 되는 기업의 주가는 올라간다. 당장은 사정이 좋지 않더라도 앞으로 크게 성장할 것 같은 기업의 주가도 오른다.

나라의 경제 사정이 좋아지면 기업들의 이익이 늘어나기가 쉬우므로 대부분 기업의 주가는 올라간다. 반대로 손해를 볼 것 같은 기업의 주가는 떨어진다. 나라의 경제 상황이 좋지 않으면 기업들이 전체적으로 돈을 벌기가 어려워지기 때문에 대부분 기업들의 주가가 내려간다. 주식 투자는 이렇게 가능성이 있는 회사의 주주가 됨으로써 그 회사가 성장함에 따라 가치를 키워 나가는 투자 방식이다.

예금을 하거나 채권에 투자를 하면 안정적으로 돈을 늘릴 수 있다. 주식 투자의 경우에는 주가가 많이 오르면 큰돈을 벌 수도 있지만 주가가 내리면 손해를 볼 수도 있으므로 신중하게 따져 보고 여윳돈으로 해야 한다.

요즘은 전문가들이 대신 투자해 주는 간접투자 상품들이 많이 있으므로 직접 주식을 사는 대신 간접투자를 할 수도 있다. 간접투자 상품도 주식 시장 전체 사정이 나빠지면 손해를 보는 경우가 있다.

세상에 공짜는 없는 법, 돈을 잘 불리려면 경제에 대한 공부를 많이 해야 한다. 축구도 열심히 연습하면 잘하게 되듯이 돈 관리도 마찬가지다. 그러나 아무리 경제를 열심히 공부해서 박사가 되더라도 돈을 불리기 위한 기초가 되는 재산이 없다면 아무 소용이 없다. 이러한 기초 재산을 종자돈이라고 하는데 종자돈은 어떤 식으로 불어나는 걸까?

투자를 할 때 살펴보아야 할 세 가지

　투자를 할 때는 수익성, 안전성, 유동성을 따져 보아야 한다. 다시 말하면 '돈을 얼마나 벌 수 있는가?' '돈을 떼일 위험은 얼마나 큰가?' '얼마나 쉽게 현금으로 바꿀 수 있는가?'를 따져 보아야 한다는 말이다.

　대체로 수익성이 높으면 안전성은 낮아진다. 주식은 돈을 많이 벌 수 있지만 돈을 잃을 위험도 높다. 은행 예금이나 적금은 안전하다. 그러나 정해진 이자만 붙기 때문에 돈을 많이 불릴 수는 없다. 채권은 주식과 예금·적금의 중간 정도에 해당한다.

　보통 안전성이 높은 투자 순서는 은행 예금·적금 - 국공채 - 회사채 - 주식이고, 경제 사정에 따라 달라지기는 하지만 수익성이 높은 순서는 주식 - 회사채 - 국공채 - 은행 예금·적금이다.

　유동성이란 투자한 돈을 얼마나 쉽고 빠르게 현금으로 바꿀 수 있느냐를 말한다. 현금으로 바꾸기 쉬우면 유동성이 높다고 하고, 현금으로 바꾸기 어려우면 유동성이 낮다고 한다.

　보통예금은 언제라도 찾을 수 있으므로 가장 유동성이 높다. 정기예금이나 적금도 받기로 한 이자만 포기하면 언제든지 찾을 수 있으므로 유동성이 높다. 주식은 시장에서 팔릴 수 있는 가격에 내놓으면 현금을 마련할 수 있으니까 유동성이 높다. 그러나 집이나 땅과 같은 부동산은 유동성이 아주 낮다. 집이나 땅을 팔고 싶어도 사겠다는 사람이 나타나지 않으면 길게는 몇 년을 기다려야 하고 아예 팔리지 않는 경우도 있다.

　그래서 가지고 있는 돈을 모두 어느 한 곳에 투자하는 것보다는 안전성, 수익성, 유동성을 따진 후 여러 군데 나누어서 투자를 하는 것이 좋다.

종자돈을 투자하면 돈이 불어난다

어린이들이 가장 쉽게 돈을 불릴 수 있는 방법은 수익률이 높은 금융 상품에 투자하는 것이다. 투자 기간이 길어지면 돈이 돈을 벌어 주는 효과가 나타난다. 그래서 하루라도 빨리 저축을 시작하는 것이 돈을 불리는 지름길이다.

어른들이 많이 사용하는 재테크라는 말은 한자로 재물을 뜻하는 재(財)와 영어로 기술이라는 뜻인 테크닉(technic)이 합쳐진 말이다. 그러니까 재테크란 재산을 불리는 기술, 즉 땅, 건물과 같은 부동산을 사거나 은행 예금과 같은 금융 상품 등에 투자해서 투자한 금액 이상으로 돈이 불어나게 하는 기술이다.

그러나 어린이들이 종자돈을 늘리기 위해 어른들이 하는 재테크 방법을 모두 따라 하기는 어렵다. 높은 이자를 받기 위한 채권 투자를 하거나, 이익을 많이 낼 것 같은 기업의 주식에 투자하여 돈을 불리는 방법은 어린이들이

하기에는 너무 어려운 일이다. 또한 주식 투자의 경우는 잘못하면 손해 보기가 쉽고, 또 기업의 가치를 판단하기 위해서는 많은 정보와 투자 지식이 필요하므로 어른들도 섣불리 덤볐다가는 실패를 하게 된다.

어린이들이 가장 손쉽게 돈을 늘리는 방법은 한푼이라도 이자를 더 주는 수익률이 높은 금융 상품을 이용하는 것이다. 금융기관에 예금을 하면 맡긴 돈에 대해서 이자를 주는데, 이자를 주는 방법에 따라 단리와 복리로 나눌 수 있다.

단리는 기간에 상관없이 원금에 이자율과 기간을 곱해서 이자를 주고, 복리는 일정 기간마다 이자가 원금에 더해져서 새로운 원금이 되고 거기에 이자가 붙는 방식이다. 그래서 이자율이 같다고 하더라도 이자를 주는 방법에 따라 만기일에 받게 되는 이자가 달라진다. 만기일이란 예를 들어 1년 동안 정기예금을 든 경우, 1년째 되는 날을 말한다.

100만 원을 3년간 5%의 이율로 이자를 받을 때 단리로 받는 것과 1년마

다 복리로 계산되는 것을 비교해 보자.

　　단리 이자 : 1,000,000원×5%×3 = 150,000원

　　3년 후에 받는 돈은 원금에 이자를 더해 1,150,000원이다.

　　복리 이자 : 처음 1,000,000원×5% = 50,000원

　　　　　　　1년 후 (1,000,000+50,000)원×5% = 52,500원

　　　　　　　2년 후 (1,050,000+52,500)원×5% = 55,125원

　　　　　　　3년 후에 받는 돈은 1,157,625원이다.

그러니까 이자율이 같다면 복리로 이자를 주는 금융 상품을 택하는 것이 현명하다.

투자 기간이 길어지면 복리 효과가 커진다. 만약 군것질하는 데 들어가는 돈을 절약하여 매일 500원씩 저축을 해서 연 10% 정도의 복리 이자를 계속 받는다면 41년 후에는 1억이 된다. 원금은 1,000만 원보다 적은 금액이지만 이자가 마술처럼 불어나서 1억 원이라는 큰돈을 마련할 수 있게 된다. 그래서 과학자 앨버트 아인슈타인은 우주에서 가장 강력한 힘이 무엇이냐는 물음에 '복리'라고 대답했다는 이야기도 있다.

이처럼 우주에서도 가장 강한 힘을 가진 복리의 효과를 충분히 누리기 위해서는 하루라도 일찍 저축을 시작해야 한다. 시작이 반이라니까 지금 당장 저축을 시작한다면 틀림없이 부자가 될 것 같은데, 우선 어디에 돈을 모아 두는 것이 좋을까?

24달러에 사들인 맨해튼 섬, 과연 횡재를 한 것일까?

세계 경제의 중심지인 뉴욕의 맨해튼 섬에 얽힌 이야기에 복리 계산을 적용해 보자. 1626년에 피터 미누이트(Peter Minuit)는 24달러(60길더) 정도의 장신구와 물품을 인디언 추장에게 주고 이 섬을 샀다. 얼핏 생각하면 인디언 추장이 바보짓을 했다고 느껴진다.

그런데 당시 24달러의 원금에 이자를 복리로 받았다면 과연 지금은 얼마로 불어났을까? 연 이자율을 7%로 가정한다면, 10년 뒤에는 원금이 약 2배로 늘어나고, 다시 10년이 지나면 93달러로 증가하게 된다. 이런 복리 계산을 계속하면 맨해튼을 구입한 날로부터 379년이 지난 2005년에는 24달러가 무려 3조 5,000억 달러가 된다. 맨해튼 섬이 약 1,730만 평이니까 현재로 보면 평당 20만 달러(우리 돈으로 약 2억 원)가 넘는 돈을 주고 산 셈이 된다.

결국 현재 땅값보다 더 비싸게 주고 샀다는 결과가 나온다. 따라서 미누이트가 횡재를 한 것이 아니라 인디언 추장이 남는 장사를 한 셈이다.

돼지 저금통으로 종자돈을 모으자

종자돈은 씨앗과 같은 돈이다. 농부가 가을에 수확을 하려면 봄에 씨를 뿌려야 하듯, 부자가 되려면 우선 씨앗인 종자돈을 모아야 한다.

가을은 수확의 계절이다. 그러나 봄에 정성껏 씨앗을 뿌리지 않고, 여름 동안 부지런히 돌보지 않았다면 가을이 되어도 아무것도 거두어들일 수 없다. 돈을 모으는 데도 씨를 뿌리는 과정이 필요하다. 그래서 부자가 되고 싶다면 제일 먼저 씨앗에 해당하는 종자돈을 모아야 한다. 확실하게 돈을 늘리는 방법을 알고 있다고 해도 종자돈이 없다면 아무 소용이 없다.

어린이들이 가장 손쉽게 종자돈을 마련할 수 있는 방법은 바로 돼지 저금통에 돈을 모으는 것이다. 하루하루 받은 용돈을 아끼고, 설날이나 추석에 어른들로부터 받은 용돈이나 세뱃돈을 아껴 돼지 저금통을 채워 나간다면 빠른 시간 안에 종자돈을 마련할 수 있다. 먼저 쓰고 싶은 만큼 쓰고 난 다음에 저축하려고 하면 결코 돈을 모을 수가 없다. 먼저 목표한 만큼 저축하고 나머지로 소비하는 생활 습관을 가져야 한다. 그리고 저축에 대한 계획을 세워서 실천에 옮겨야 한다.

종자돈을 모으기 위한 기간을 너무 길게 두면 목표를 달성하기 전에 포기하는 경우가 많다. 그러니까 우선 실천에 옮길 수 있는 작은 계획부터 세워 보자.

예를 들면 '1년 안에 종자돈 20만원 만들기' 또는 '용돈의 30~40%는 무조건 저축하기' 등과 같이 실천할 수 있는 목표를 세운다. 목표를 달성하고 성취감과 만족감을 한번 맛보고 나면 다음 목표를 정하고 실천하는 일은 좀 더 쉬워진다.

속이 비치는 크지 않은 저금통에 저축을 시작해 보자. 돈이 늘어 가는 것

한푼한푼 모으다 보면 종자돈이 만들어질 거야.

을 확인할 수 있고 돈을 가득 채우는 데 시간이 오래 걸리지 않아서 목표 달성의 기쁨을 빨리 맛볼 수 있다. 가득 채우고 나서 그 돈으로 무엇을 할 것인지 미리 정하고 시작하면 저축하는 일이 더 쉬워진다. 저금통에 저축 목표와 관련되는 예쁜 그림이나 글씨를 붙여 두면 더 좋다.

하지만 돼지 저금통은 돈을 아무리 많이 맡겨도 이자를 주지 않는다. 그러니까 돼지 저금통에 돈이 모이면 은행으로 가지고 가야 한다. 은행에 예금을 하면 맡긴 돈에 이자가 붙어서 종자돈을 더 빨리 마련할 수 있다.

어린이들이 종자돈을 마련하기 위해 가장 널리 사용되는 돼지 저금통. 우리 어린이들 중에 돼지 저금통에 저축을 해 보지 않은 어린이는 거의 없을 것이다. 그런데 옛날에도 어린이들은 저금통에 돈을 모았을까?

저축은 왜 해야 하나?

첫째, 비상시를 대비해서 저축이 필요하다. 살다 보면 가족 중에 누군가 갑자기 병이 들어서 병원비가 많이 필요할 수도 있고, 부모님이 일하시는 회사가 어려워져 월급을 못 받는 경우도 있다. 이런 급한 일이 생겼을 때, 저축한 돈이 있다면 그 돈으로 어려운 순간을 잘 넘길 수 있다.

둘째, 미래를 위해서 저축한다. 자동차나 집을 사려면 많은 돈이 필요하다. 또 자녀 교육에도 돈이 많이 들어간다. 한꺼번에 많은 돈이 필요한 경우에 쓸 돈을 마련하려면 저축을 해야 한다. 어린이들도 매달 받는 용돈으로는 살 수 없는 물건을 사고 싶은 경우, 저축을 통해서 필요한 돈을 마련할 수 있다.

셋째, 우리가 금융기관에 저축을 하면 기업에서 이 돈을 빌려가서 공장을 짓거나 기계를 사는 등 투자를 하는 데 사용한다. 투자가 활발해지면 일자리가 늘어나고 경제가 튼튼해진다. 금융기관은 경제가 성장하는 데 도움을 주는 주식이나 채권을 사기도 한다. 그래서 우리 경제를 튼튼하게 하려면 국민들이 저축을 해야 한다.

찰흙으로 만든 돼지 저금통

'Pyggy bank'는 중세 시대 유럽 사람들이 돈이나 소금을 모아 두기 위해 'pygg'라는 찰흙으로 만든 통이다. 어느 날 pyggy bank를 주문한 손님의 말을 잘못 알아들은 도공이 돼지 모양의 'piggy bank'를 만들어 주었다. 그래서 저금통의 이름은 '돼지'가 되었다.

'용돈을 받으면 쓰기 전에 먼저 저축한다.' 어린이들이 반드시 가져야 할 좋은 경제 습관이다. 하지만 돈이 생길 때마다 1,000원이나 2,000원을 저축하려고 은행에 가긴 너무 번거롭다. 이럴 때 편리한 것이 저금통이다.

그렇다면 저금통은 언제부터 쓰이기 시작했을까?

독일 베를린 박물관에는 흙을 빚어서 성전 모양으로 만든, 현재까지 발견된 가장 오래된 저금통이 보관되어 있다. 이 저금통은 약 2,300년 전에 만들어진 것으로 그리스 성전에서 발굴되었다고 한다.

신의 보호를 원했던 옛날 사람들은 자신이 가진 가장 귀한 것들을 신에게 바쳤다. 저금통도 그중 하나였다. 그들은 저금통에 돈이 가득 모이면 성전으로 가져가서 신에게 바쳤다. 로마 시대 이후 18세기까지 종교의 영향력이 강했던 유럽에서는 저금통은 거의 교회 헌금용으로 사용되었다. 그러다가 18세기 후부터 저축을 위해 사용되기 시작했다.

우리은행 본점 건물에 있는 은행사 박물관에 가면 벽난로, 왕관, 마차, 신발, 여러 가지 동물, 상자 등 다양한 모습의 저금통을 볼 수 있다. 저금통 모양이 이렇게 다양한데 하필이면 왜 돼지 저금통이라고 부르게 되었을까?

지금까지 돼지 저금통이 생겨나게 된 이유를 찾기 위해 많은 연구를 했지만, 언제 누가 처음 만들었는지는 아직 밝혀지지 않았다. 다만 유럽에서 돼

지 저금통이 처음으로 만들어졌을 것이라고 추측한다. 'Piggy bank'라는 말이 유럽에서 처음 쓰였기 때문이다. 중세 시대 유럽 사람들은 소금이나 돈을 'pygg'라는 찰흙으로 만든 통에 보관했다. 그런데 17~18세기경 누군가가 찰흙으로 돈 통을 만들어 달라는 뜻으로 'pyggy bank'를 주문했는데 발음을 잘못 알아들은 도공이 돼지 모양의 'piggy bank'를 만들었다는 이야기가 전해지고 있다.

부유함을 자랑하기 위한 소품으로 쓰였던 명품 저금통

　네덜란드에서는 중국 도자기를 본떠서 도자기 제품을 만들면서 저금통도 도자기로 만들었다. 요즘도 예쁜 저금통이 많이 만들어지지만 예술적인 면에 있어서는 옛날 저금통을 따라갈 수 없다. 요즘 부자들이 비싼 자동차를 타고 다니면서 부유함을 자랑하듯이 예전에는 저금통이 유럽 귀족들의 부유함을 자랑하는 소품으로 사용되었다. 그들은 집으로 손님을 초대한 자리에서 아름다운 도자기 저금통에 금화를 넣는 모습을 보여 주며 돈이 많다는 것을 자랑했다고 한다. 그러나 아쉽게도 19세기부터 제1차 세계 대전 직전까지 도자기로 만들어진 저금통들이 많이 남아 있지는 않다. 저축한 돈을 꺼내려면 저금통을 깨뜨려야만 했기 때문이다.
　다시 사용할 수 있는 저금통은 제2차 세계 대전 이후에 만들어지기 시작했다.
　우리나라에서는 19세기 말부터 저금통이 만들어졌다. 주로 나무를 이용해서 만들었는데 돈궤, 편지함, 거북이 모양의 저금통이 남아 있다.

19세기 오스트리아에서 제작된 황금 도금 저금통

꼬물꼬물 박사님의 마무리

어린이들에게 경제 교육을 시켜야겠다고 생각할 때, 대부분의 부모님들이 제일 먼저 권하는 방법이 돼지 저금통에 저축하는 것이지. 돼지 저금통이 생긴 것은 찰흙 때문이란다. 중세 시대 유럽 사람들은 'pygg'라고 불리는 찰흙으로 만든 통에 돈을 넣어 두었어. 17~18세기경 누군가 찰흙으로 된 통을 만들어 달라는 뜻으로 'pyggy bank'를 주문했단다. 그런데 발음을 혼동한 도공이 돼지 모양의 저금통인 'piggy bank'를 만들었어. 아마 그것이 최초의 돼지 저금통이었을 거야.

사람들은 보통 일을 해서 돈을 벌어. 그런데 버는 돈의 일부를 저축해서 종자돈을 모으면 돈이 돈을 벌어 주기도 한단다. 종자돈을 마련하여 재산을 불리는 것을 재테크라고 하는데 재테크를 잘해서 돈이 불어나면 부자가 되겠지?

어린이들도 돼지 저금통에 종자돈을 모아서 금융기관에 예금도 하고, 주식이나 채권을 사서 돈을 불릴 수 있단다. 이렇게 돈 관리를 잘하면 틀림없이 부자가 될 거야. 찰흙 때문에 돼지 저금통이 생겼고, 돼지 저금통에 모은 돈 때문에 부자가 되었다면, 결국 찰흙 때문에 부자가 되었다고 할 수 있겠지?

꼬불이의 인터뷰 : 워런 버핏

　미국의 경제 잡지사인 포브스 사가 발표한 2006년 세계 제일의 부자는 마이크로소프트 사의 회장인 빌 게이츠였다. 두 번째 부자는 누구일까? 꼬불이가 만나 보았다.

꼬불이
안녕하세요? 꼬불이입니다.

워런 버핏
반갑습니다. 버크셔해서웨이 회장 워런 버핏입니다.

꼬불이
회장님께서는 주식 투자로 세계에서 두 번째 부자가 되셨다고 들었어요. 저희들에게 그 비결을 알려 주시면 감사하겠습니다.

워런 버핏
나는 여덟 살 때부터 주식 공부를 시작했고, 처음으로 주식 투자를 한 것은 열한 살 때였죠. '시티서비스'라는 회사 주식 3주를 한 주당 38달러에 샀어요. 이 주식을 사고 난 후 27달러까지 떨어져서 속이 상했는데 다시 올라서 40달러가 되었지요. 얼른 팔았죠. 그런데 나중에 이 주식이 200달러까지 올랐어요. 그때 좋은 주식은 올랐다고 금방 팔지 말고 오랫동안 투자하는 것이 더 낫다는 사실을 깨달았어요.

꼬불이
계속 오르는 가치 있는 주식을 찾아내어 오랫동안 투자한다. 저도 주식 투자를 하게 되면 회장님처럼 하겠습니다.

워런 버핏
1965년에 버크셔해서웨이를 넘겨받아서 투자회사로 바꾼 후 내가 잘 아는 좋은 회사 주식에만 투자를 했어요. 우리가 투자한 대표적인 회사는 코카콜라, 질레트, 아메리칸 익스프레스, 페덱스 등인데 사람들이 잘 알고 있는 회사들이죠.

꼬불이
재산이 400억 달러가 넘는 부자니까 회장님께서 사시는 집은 궁전처럼 으리으리하겠죠?

워런 버핏
천만에요. 우리 회사에 투자한 사람들에게 돈을 벌게 해 주려고 노력하다 보니 회사 가치가 올라가서 나도 부자가 되었어요. 하지만 부자가 된 후에도 내 생활은 전과 같아요. 지금도 예전부터 살았던 네브라스카 주의 작은 도시 오마하에 있는 5억 원짜리 집에서 계속 살고 있지요. 그래서 사람들은 나를 욕심 없고 따분한 사람이라고 합니다.

꼬불이
1930년에 태어나셨다고 해서 할아버지일 거라고 생각했었는데 친구 같은 느낌이 들어요.

워런 버핏
이런, 들켜 버렸네. 난 스테이크와 콜라, 야구를 좋아해요. 어린이들과 취향이 비슷하죠?

꼬불이
저는 야구보다는 축구를 좋아해요. 그런데 회장님께서 재산의 85%를 빌 게이츠 자선 재단에 기부하시겠다고 발표해서 너무 놀랐어요……. 정말 존경합니다.

워런 버핏
존경을 받으려고 그런 결정을 내린 것은 아닙니다. 다른 사람을 위해 쓸 수 있는 돈을 벌 수 있었다는 것이 그저 감사할 뿐이죠.

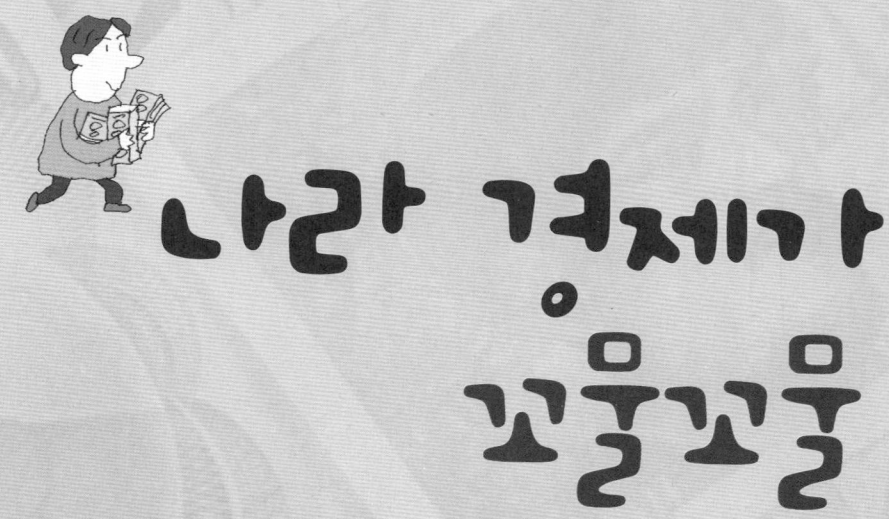

나라 경제가 꼬물꼬물

5. 새 지폐가 금 세공업자들 때문에 만들어진다고?
6. 설날이 지나면 금리가 올라간다고?
7. 초콜릿으로 사랑을 고백하면 정부가 돈을 많이 쓴다고?
8. 튤립 때문에 부동산 가격이 오른다고?

5. 새 지폐가 금 세공업자들 때문에 만들어진다고?

새 지폐를 만든다

우리가 사용하고 있는 지폐가 모두 바뀌게 된다. 새 지폐를 발행하기로 한 가장 큰 이유는 심각해진 위조지폐 문제 때문이다. 그래서 새로 발행되는 지폐에는 여러 가지 첨단 위조 방지 기법이 도입된다.

우리가 사용하고 있는 지폐가 모두 바뀌게 된다. 새 5,000원권은 2006년부터 이미 쓰이기 시작했고, 1만 원권과 1,000원권은 2007년 1~6월 사이에 발행될 예정이다.

지폐를 바꾸기로 한 가장 큰 이유는 2005년 들어 진짜처럼 보이게 만든 가짜 돈인 위조지폐 문제가 심각해졌기 때문이다. 그래서 새로 발행되는 지폐에는 가짜 돈을 만들지 못하게 하기 위해 보는 각도에 따라 모양과 색상이 변하는 홀로그램이 들어가고, 스캐너나 컬러 프린터 등을 통해 위조지폐를 만들지 못하도록 빛을 받으면 색이 변하는 잉크가 사용된다.

새 지폐가 발행된다고 해서 예전에 사용하던 지폐를 쓸 수 없는 것은 아니다. 예전 지폐는 수명을 다할 때까지 계속 사용할 수 있다. 그리고 원하는 사람들에게는 언제든지 새 지폐로 바꾸어 준다.

물론 돈을 만드는 데에도 돈이 들어간다. 또 새 지폐가 사용되면 예전 지폐에 맞게 만들어진 현금 입출금기(ATM)나 자판기는 사용할 수 없게 된다. 그래서 새 지폐 발행에 따른 비용 부담은 만만치 않다. 새 지폐를 찍어 내는 데 1,900억 원, 현금 입출금기를 바꾸는 데 2,200억 원, 자판기를 바꾸는 데 580억 원 등 총 4,700억 원이 필요하다고 한다.

명절이나 용돈을 받을 때 새 돈을 받으면 정말 기분이 좋다. 가게에 가면 새 돈이라고 물건을 더 많이 살 수 있는 것도 아니지만 헌 돈보다 새 돈이 더 좋아 보인다. 그러면 이렇게 기분을 좋게 해 주는 새 지폐는 어디에서 만들어 낼까?

돈의 도안

전 세계 지폐의 90% 이상이 앞면에는 인물 초상을 사용하고 있다. 그 나라를 대표하는 훌륭한 인물을 돈의 도안으로 사용하는 것이 돈의 품위를 나타내는 데 가장 적당하기 때문이다. 도안이란 내용에 알맞은 그림을 그려 넣는 것을 말한다. 또 가짜 돈인지 아닌지를 알아내는 데 가장 좋은 도안이 바로 인물 초상이라고 한다. 그래서 가짜 돈을 만들지 못하게 하기 위한 방법 중 하나로 미국, 일본, 영국과 캐나다 등 여러 나라에서 새로 발행되는 지폐의 인물상이 더 커졌다.

일본 엔화

홍콩 달러

예전에는 지폐의 인물들은 대부분 정치가나 왕들이었지만 최근에는 화가, 음악가, 건축가, 작가 등이 돈의 얼굴로 등장하고 있다. 또 전에는 인물 초상의 대부분이 남성이었지만, 여성의 지위 향상과 함께 여성 인물 초상을 채택하는 나라가 늘어나고 있다.

지폐 뒷면에는 인물, 건축물, 동식물, 기하학적 구성, 각종 상징물 등 앞면에 비해 다양한 소재가 사용되고 있다. 동전의 경우에도 65% 이상이 앞면에 인물 초상을 사용하고 있다.

역사가 짧거나 정치적으로 혼란해서 마땅히 내세울 인물이 없는 아프리카의 신생 독립국에서는 인물 초상 대신 자기 나라의 대표적인 야생 동물이나 식물을 화폐에 그려 넣어 사용하기도 한다. 또한 싱가포르, 브라질, 아일랜드, 그리스, 베트남과 같은 나라의 돈에는 어린이의 모습이 그려져 있다.

돈을 발행하는 곳은 한국은행이다

한국조폐공사는 한국은행의 주문을 받아 돈을 인쇄하는 곳이고, 실제로 우리 돈을 발행하는 기관은 중앙은행인 한국은행(Bank of Korea)이다.

돈을 발행하는 기관이 한국조폐공사라고 생각하는 사람들이 있다. 그런데 한국조폐공사는 한국은행의 주문을 받아 돈을 인쇄하는 곳이고, 우리 돈을 발행하는 기관은 중앙은행인 한국은행(Bank of Korea)이다.

우리의 한국은행처럼 다른 나라에도 나라 돈을 발행하고 관리하는 곳이 있다. 미국의 연방준비제도(Federal Reserve System), 영국의 영란은행(Bank of England), 일본의 일본은행(Bank of Japan), 싱가포르의 싱가포르통화청(Monetary Authority of Singapore), 중국의 중국인민은행(People's Bank of China) 등이 그런 일을 맡아서 하는 기관이다. 유럽연합의 국가들은 각국

중앙은행에서 돈을 발행한 후 유럽중앙은행의 인가를 받는다.

특이하게도 홍콩에서는 중국은행, 스탠다드차타드은행, 홍콩상하이은행 세 곳에서 모양이 서로 다른 돈을 발행한다. 그러나 2002년 9월부터 10홍콩달러 지폐는 홍콩통화청에서 직접 발행하게 되었다.

우리나라에서 새 돈이 어떻게 만들어지는지 알아보자. 한국은행은 새 돈을 만들기 전에 국민들이 어떻게 생각하는지를 알아본 후 전문가들과 돈의 모양과 크기 등을 상의한다. 그리고 한국은행법에 따라 정부의 허락을 받고 금융통화위원회에서 새로 만들 돈의 모습을 정한다. 이렇게 새로 만들 돈의 모양과 크기가 결정되면 한국조폐공사에 인쇄를 부탁한다. 한국조폐공사에

서는 새로운 인쇄판을 제작하는 등 여러 가지를 준비한 다음 실제 돈을 인쇄하게 된다. 이렇게 새 돈이 태어날 때까지는 1년 6개월 이상이 걸린다. 이미 사용하고 있는 돈은 인쇄하는 데 필요한 시간만 걸리므로 그렇게 긴 기간이 필요한 것은 아니다.

오랫동안 사용해서 너덜너덜해진 돈을 한국은행으로 가져가면 언제든지 새 돈으로 바꿀 수 있다. 한 해 동안 찢어지거나 더러워져 못 쓰게 되는 돈은 8억 장, 5톤 트럭으로 175대 분에 해당한다고 한다. 우리가 돈을 깨끗이 쓰면 못 쓰게 되는 돈의 양을 줄일 수 있어서 새 돈을 만드는 데 들어가는 비용을 줄일 수 있다.

돈을 발행하는 중요한 일을 하는 한국은행. 그런데 한국은행은 돈을 발행하는 일 외에도 훨씬 더 많은 일을 하고 있다고 한다.

한국은행은 중앙은행이다

중앙은행은 돈을 발행하는 일만 하는 것은 아니라 물가를 안정시키는 일도 맡고 있다. 뿐만 아니라 금융기관을 상대로 예금을 받거나 돈을 빌려 주는 일도 하고, 은행 경영을 분석하는 일도 한다.

사람들 중에는 돈이 없어 쩔쩔매는 사람도 있고, 필요 이상으로 돈이 많은 사람도 있다. 은행은 돈의 여유가 있는 곳에서 돈이 필요한 곳으로 흐를 수 있도록 연결시켜 주는 일을 하고 있다. 그래서 돈이 필요한 곳에 적절히 사용될 수 있게 하여 우리 경제를 건강하게 성장시키고 유지시키는 데 도움을 주고 있다.

중앙은행은 단지 돈을 발행하는 일만 하는 것은 아니다. 모든 나라의 중앙은행이 똑같은 일을 하지는 않지만 한국은행이 하는 일을 알게 되면 중앙은행이 어떤 일을 하는지 짐작할 수 있다.

돈을 발행하는 일 외에 한국은행이 하는 일 중에서 가장 중요한 것은 돈의 양과 흐름을 조절하여 물가를 안정시키는 일이다. 사람들이 돈을 너무 많이 쓰거나 적게 쓰면 물가가 오르락내리락 하게 된다. 이때 한국은행이 돈의 양을 잘 조절해 주는 일을 하는 것이다.

이외에 한국은행도 다른 은행과 마찬가지로 예금을 받고 돈을 빌려 준다. 그런데 일반인들이나 기업을 상대로 이런 일을 하는 것이 아니라 금융기관을 상대로 예금을 받거나 돈을 빌려 준다. 또 은행이 일을 해 나가는 데 문제점은 없는지 살펴보는 일도 한다. 그래서 중앙은행을 은행의 은행이라고 부르기도 한다.

한국은행은 정부를 대신해서 돈을 받고 내주는 정부의 은행 일도 맡고 있다. 또 정부의 외환 정책에 대해서 도움말도 주고, 경제에 관한 조사 연구와 통계 업무도 맡고 있다.

이렇게 중요한 역할을 하는 중앙은행은 언제, 어떻게, 왜 생긴 것일까?

우리나라 은행의 역사

　우리나라에 근대적인 은행 제도가 생긴 것은 1878년이었다. 일본의 제일은행이 부산에 지점을 개설했는데, 이 지점이 근대적 은행 제도를 들여와 영업을 시작한 우리나라 최초의 점포이다. 그 후 다른 나라 은행이 우리나라에서 영업하는 것에 자극을 받아 우리 민족의 돈으로 우리 은행을 만들어야 한다는 소리가 높아졌다. 마침내 1897년 우리 자본에 의해 만들어진 최초의 은행인 한성은행이 설립되었다. 한성은행은 나중에 조흥은행이 되었고 2006년 신한은행과 합병되었다. 1899년에는 우리 자본으로 만든 또 하나의 은행인 대한천일은행이 생겼다. 이 은행은 나중에 상업은행이 되었고 한일은행과 합병한 후 지금은 우리은행이 되었다.

　우리나라에 중앙은행 제도가 생긴 것은 1909년으로 그해 10월에 한국은행이 설립되었다. 그러나 한일합방 후 일본에 의해 이름이 조선은행으로 바뀌었고 중앙은행으로서의 기능을 다 할 수 없었다. 해방이 되고 1948년에 세워진 새 정부는 중앙은행의 필요성을 절감하고 1950년 5월 한국은행법을 만들었다. 그리고 같은 해 6월 12일 우리나라의 중앙은행인 한국은행이 다시 태어나게 되었다.

대한천일은행
대한제국 황실의 은행(1909년 본점)

중앙은행이 만들어진 것은
금 세공업자들 때문이다

지폐가 발행되기 전 유럽에서는 금 세공업자들이 발행했던 골드스미스 노트가 돈처럼 사용되었다. 금 세공업자들은 은행을 만들고 지폐를 발행하기도 했다. 이들의 지나친 욕심은 영국 정부가 세계 최초의 중앙은행인 영란은행을 만드는 계기가 되었다.

17세기 유럽에는 요즘 은행과 비슷한 일을 하는 사람들이 있었다. 그중 대표적인 사람들이 금 세공업자인 골드스미스(Goldsmith)였다. 이들은 금으로 여러 가지 종류의 물건을 만들면서 당시 런던의 부자들과 상인들의 금화와 귀금속을 보관해 주는 일도 함께했다. 골드스미스들은 금화나 귀금속을 맡긴 사람들에게 그 증거로 보관 영수증을 주었다. 그리고 이 영수증을 가져가면 언제라도 맡긴 금화 등을 내어 주었다.

이 보관 영수증을 골드스미스 노트(Goldsmith Note)라고 불렀다. 이런 골드스미스 노트가 널리 쓰이면서, 부자들이나 상인들은 자신이 필요한 물건

을 살 때, 맡긴 금화를 찾는 대신 바로 골드스미스 노트로 물건 값을 치렀다. 물건을 파는 사람도 필요할 때 골드스미스에게 가서 언제라도 금화를 받을 수 있으니까 골드스미스 노트를 받아도 문제가 없었다.

이런 일이 계속 되면서 골드스미스들은 새로운 사실을 알게 되었다. 아무리 시간이 지나도 일정 부분의 노트는 애초에 맡긴 금화나 귀금속으로 바꿔 달라고 하지 않는다는 것이었다. 물건을 파는 사람들이 바로 노트를 받으니까 굳이 물건을 사기 위해 맡겨 놓은 금화나 귀금속을 찾을 필요가 없었기 때문이다.

또 노트를 가지고 금화나 귀금속을 찾겠다는 사람이 한꺼번에 몰려오지 않는다는 것이었다. 사람마다 금화나 귀금속을 찾아야 할 이유와 시기가 다르니까 모두 같은 시간에 우르르 몰려오지 않았던 거다. 골드스미스들은 그 점을 이용하기 시작했다.

실제로 맡아 둔 금화나 귀금속보다 많은 양의 골드스미스 노트를 만들어서 사람들에게 빌려 준 것이다. 사람들은 이 노트를 들고 골드스미스에게 찾아가면 금화나 귀금속을 받을 수 있다고 믿었기 때문에 돈을 빌리듯 이자를 주고 노트를 빌렸다.

이렇게 해서 많은 돈을 벌게 된 골드스미스들은 원래 직업인 금 세공 일은 뒤로 하고 노트를 만들어서 빌려 주는 일에 몰두했다. 나중에는 노트 대신 지폐를 발행하기까지 되었다.

하지만 골드스미스들은 처음과는 달리 점점 욕심을 부리게 되었다. 돈을 빌리는 사람들에게 너무 높은 이자를 요구하게 되었고, 사람들의 불만이 점점 더 높아졌다. 그래서 피를 흘리지 않고 평화롭게 정권을 바꾼 신흥 귀족들은 1694년에 중앙은행인 영란은행을 세우고, 중앙은행에서만 지폐 발행을 할 수 있는 제도를 만들었다.

현재 대부분의 나라에서 돈은 중앙은행이 발행하고 다른 은행들은 예금은행 일을 하고 있는데 그 역사의 시작이 바로 이때부터였다.

만약에 금 세공업자들이 지폐를 발행하지 않았다면, 지폐를 발행하더라도 지나치게 높은 이자로 사람들의 불만을 사지 않았다면 지금과는 다른 화폐제도가 생겼을 수도 있고 중앙은행이 만들어지지 않았을 수도 있지 않을까?

꼬물꼬물 박사님의 마무리

    2006년부터 우리나라에 새 지폐가 등장하게 되었어. 가짜 돈을 만드는 사람들이 많아졌기 때문이라고 해. 그런데 역사를 거슬러 올라가 살펴보면 새 지폐가 만들어진 것은 금 세공업자들 때문이라고 할 수 있단다.

    17세기 유럽에서는 금 세공업자들이 발행했던 골드스미스 노트가 돈처럼 사용되었어. 골드스미스 노트에 대한 신용이 두터워지면서 금 세공업자들은 지폐도 발행하게 되었단다. 그런데 이들이 지나친 이익을 취하자 사람들의 불만이 높아졌지. 그래서 명예혁명을 성공시킨 신흥 귀족들은 중앙은행인 영란은행을 만들고 화폐 발행은 영란은행에서만 할 수 있도록 했어.

    우리나라에서도 화폐는 중앙은행에서만 발행할 수 있지. 그래서 새로 발행되는 지폐도 당연히 우리의 중앙은행인 한국은행에서 발행한단다.

    금 세공업자들 때문에 중앙은행이 생기게 되었고, 우리나라 중앙은행인 한국은행이 새 지폐를 만드니까 새 지폐가 만들어진 것이 금 세공업자 때문이라고 한 거야. 꼬질이 표정이 어이없다는 것처럼 보이는데……. 내 말의 비약이 너무 심했나?

돈의 주인공이 된 얼굴들

세종 대왕

한국 사람들은 내가 그려진 돈을 제일 좋아합니다. 한국에서 제일 액수가 큰 지폐인 만 원짜리 지폐의 주인공이 바로 나이기 때문이죠. 나는 조선 시대 제4대왕으로 1418년에서 1450년까지 긴 세월 동안 왕위를 지켰습니다. 그래서 한 일도 많아요. 국민들이 쉽게 배울 수 있는 글인 한글을 만들었고, 과학의 생활화에도 많은 관심을 가졌습니다. 해시계, 물시계, 측우기 등의 발명도 나 때문에 가능했지요.

엘리자베스 2세

나는 세계 화폐에서 가장 많이 등장한 인물입니다. 과거 영국은 '해가 지지 않는 나라'라고 불릴 만큼 세계 곳곳에 식민지를 갖고 있는 강대국이었죠. 내가 1952년 여왕이 되었을 때 영국은 50개 이상의 식민지를 거느리고 있었어요. 지금은 식민지들이 독립해서 영연방을 이루고 있는데, 영연방 국가를 상징하는 뜻으로 내 얼굴을 화폐의 도안으로 쓰고 있어요. 내가 등장하는 화폐를 사용하는 나라는 피지, 캐나다, 호주, 뉴질랜드 등 10개국이 넘는답니다.

조지 워싱턴

미국 건국의 아버지로 불리는 나는 미국인들이 가장 많이 사용하는 지폐인 1달러의 얼굴입니다. 1783년 미국이 정식 독립국가가 된 후, 1789년 미국의 초대 대통령으로 당선되었지요. 두 번이나 대통령을 했지만 미국인들은 여전히 내가 대통령이 되기를 원해서 1796년 3선 대통령으로 추대되었습니다. 그렇지만 미국 민주주의의 전통을 세우기 위해서 대통령직을 끝까지 사양했죠.

6. 설날이 지나면 금리가 올라간다고?

설날은 세뱃돈을 받아서 좋아요

초등학교 어린이들을 대상으로 설날을 좋아하는 이유를 조사해 보았다. 1위는 짐작했던 대로 '세뱃돈을 받을 수 있어서'였다.

자녀 교육 사이트 맘스쿨이 2006년 1월 어린이 299명을 대상으로 '설날이 좋은 이유'에 대한 설문 조사를 했다. 눈치 빠른 사람은 누구나 짐작할 수 있듯이 조사 결과 1위를 차지한 답은 '세뱃돈을 받을 수 있어서'였다. 무려 59.2%에 해당하는 어린이가 '세뱃돈을 받을 수 있어서'라고 답을 했다니, 어린이들도 돈으로부터 자유로울 수는 없나 보다. 2위는 '친척들을 만날 수 있어서'(25.1%)이고, 3위는 '마음 놓고 놀 수 있어서'(11.7%), 4위는 '맛난 음식을 실컷 먹고, 새 옷을 마련할 수 있어서'(4.0%)였다.

또 '설날에 받는 세뱃돈을 합치면 얼마나 되나요?'라는 질문에는 5~10만 원으로 답한 어린이가 44.8%로 가장 많았고, 34.4%는 1~5만 원, 14.4%

는 10~15만 원이라고 답했다.

　어른들 추억 속의 설날은 부모님이 정성스럽게 마련해 준 설빔으로 갈아입고, 맛난 음식을 실컷 먹을 수 있어서 좋은 날이었다. 하지만 어른들에게도 설날이 좋았던 이유에 대한 설문 조사를 한다면 역시 '세뱃돈을 받을 수 있어서'가 1위를 차지할 것 같다.

　어린이들이 가슴 설레며 설날을 기다리게 만들어 주는 세뱃돈, 어른들은 이날 세뱃돈을 주기 위해 어떤 준비를 할까?

옛다, 은행에서 방금 찾은 따끈따끈한 돈이다.

세뱃돈은 새 돈으로 주세요

새 돈이나 헌 돈이나 돈의 가치는 똑같다. 하지만 설날이 가까워지면 어른들은 새 지폐를 준비한다. 새해 첫날에 주는 세뱃돈이니까 기왕이면 새 돈으로 주는 것이 주는 사람도 받는 사람도 더 즐겁기 때문일 것이다.

사실 세뱃돈은 우리 고유 풍습은 아니었다. 중국에서 유래된 풍습이 한국과 일본으로 전해진 것이다.

중국에서는 음력으로 새해 첫날 붉은색 봉투에 돈을 넣어 아랫사람들에게 나누어 준다. 중국인에게 붉은색은 행운과 발전을 뜻한다. '빨리 성장해서 돈을 많이 모으렴' 하는 격려의 의미로 돈을 주는 풍습이 생겼다고 한다. 일본에서는 음력이 아니라 양력으로 새해 축하를 하지만 돈을 주는 풍습은 중국과 같다. 일본에서는 붉은색 봉투 대신 여러 가지 무늬가 그려진 봉투에 돈을 넣어 준다.

우리 조상들은 원래 세배를 하면 돈 대신에 곶감, 대추 등 과일과 음식을 나누어 주었다. 그런데 우리나라에도 일본의 침략기에 세뱃돈을 주는 풍습이 널리 퍼지게 되었고, 요즘은 '설날' 하면 가장 먼저 떠오르는 낱말이 '세뱃돈'이 되어 버렸다.

어른들은 되도록이면 세뱃돈은 새 돈으로 주려고 한다. 모든 상품은 새 것과 헌 것의 가치가 다르다. MP3를 단 하루만 사용했다고 해도 새 제품과 이미 사용한 제품의 가격은 차이가 많이 난다. 하지만 화폐는 다르다. 잉크 냄새가 묻어 있는 것 같은 한국은행에서 금방 나온 만 원짜리 지폐의 가치도 만 원이고, 너덜너덜해서 폐기되기 직전인 만 원짜리 지폐의 가치도 만 원이다. 비록 가치는 같지만 누구나 낡은 지폐보다는 새 지폐를 좋아한다. 그래서 설날이 가까워지면 어른들은 새 지폐를 준비한다. 새해 첫날에 주는 세뱃돈이니까 기왕이면 새 지폐로 준비해서 주는 것이 세뱃돈의 즐거움을 한결 더 하리라고 생각하기 때문일 것이다.

모든 사람들이 새 지폐를 찾는 설날이 다가오면 시중에 돌아다니는 새 돈의 양이 많아진다. 그런데 설날이 가까워지면 물가가 올라간다는 말도 들리는데 혹시 새 돈과 물가는 무슨 관련이 있을까?

지폐는 어떻게 만들어지나?

한국은행 건물에 있는 화폐 금융 박물관에 가면 지폐나 동전이 만들어지는 과정을 자세히 볼 수 있다.

화폐를 만들기 위해서는 여러 가지 첨단 기술이 요구되어 지폐를 자기 나라에서 인쇄할 수 있는 나라는 40여 개 나라 정도이다. 또 우리나라와 같이 지폐 인쇄는 물론 인쇄 용지까지 스스로 해결하는 국가는 20여 개 나라뿐이다.

새 지폐가 만들어지는 과정을 알아보기로 하자.

1. 화폐에 그려 넣을 인물 초상의 밑그림을 그리고 도안 설계를 한다.
2. 도안 설계를 할 때는 위조를 막기 위한 첨단 위조 방지 장치의 모양과 위치도 함께 생각한다.
3. 설계된 도안을 금속판에 새기는 조각 작업을 한다.
4. 조각된 금속판을 정교하고 복잡한 인쇄기에 설치한다.
5. 1단계로 지폐의 바탕 무늬를, 2단계로 세종 대왕, 경회루와 같은 중심 그림을, 3단계로 지폐의 기호와 번호, 인장(총재의 인)을 인쇄한다.

돈이 많아지면 물가가 올라간다

시중에 돌아다니는 돈의 양이 늘어나면 돈 가치는 떨어지게 되고, 물건을 사는 데 돈이 더 필요하게 되므로 물건 값은 올라가게 된다. 모든 물건 값이 올라가면 전체적인 물가 수준도 올라간다.

명절이 가까워지면 우리 주위에서 새 돈을 볼 수 있는 기회가 많아진다. 새 돈이 많아졌다면 한국은행에서 발행한 돈이 늘어났다는 뜻이다. 물론 한국은행에서 명절이 되면 돈을 많이 발행하는 것이 어린이들에게 세뱃돈을 주라는 이유 때문은 아니다. 사람들은 명절이 되면 돈이 많이 필요하다. 명절에 차례도 지내야 하고, 또 오랜만에 고향에 계시는 부모님을 찾아 뵙고 용돈도 드리고, 친척 어린이들 세뱃돈도 줘야 한다. 사업하는 사람들은 명절 전에 직원들에게 상여금도 줘야 하고, 거래처에도 갚아야 할 돈이 있으면 미루지 말고 주어야 한다. 이렇게 돈을 필요로 하는 곳이 많아지니까 한국은행에서는 돈이 모자라지 않도록 미리 많은 돈을 발행하게 된다.

돈도 다른 물건과 마찬가지로 흔해지면 가치가 떨어진다. 돈을 많이 발행해서 시중에 돌아다니는 돈의 양이 많아지면 돈의 가치는 그만큼 떨어지게 된다. 예를 들어 나라 안의 모든 돈을 합치면 1,000만 원인 나라가 있다고 하자. 그런데 1년 후 돈을 더 많이 발행해서 그 나라 안의 돈이 2,000만 원이 되었다. 만약 그 나라에서 생산되는 물건 양은 그대로이면 어떤 일이 생기게 될까? 사용할 수 있는 돈은 늘어났지만 물건의 양이 정해져 있으니 사람들은 돈을 더 주더라도 물건을 사려고 한다. 그래서 물건 양은 늘어나지 않고 돈만 두 배로 늘었다면 결국 물건 값은 두 배로 올라가게 된다.

시중에 돌아다니는 돈의 양을 통화량이라고 한다. 통화량이 두 배 늘어나

면 돈의 가치는 절반으로 줄어든다. 돈의 가치가 반으로 떨어지면 물건을 사는 데 필요한 돈은 두 배 더 필요하게 된다. 그래서 물건 값은 두 배로 올라가게 된다. 모든 물건 값이 올라간다면 전체적인 물가도 당연히 올라간다.

한국은행이 하는 중요한 일 중 하나가 물가 안정이다. 한국은행은 물가를 안정시키기 위해 통화량을 조절하는 방법을 사용하고 있다. 그러면 한국은행에서는 어떻게 통화량을 조절하는 걸까?

인플레이션과 디플레이션

원래 '인플레이션'은 '키운다', '팽창시킨다', '부풀린다'라는 뜻이다. 이 말은 남미의 소 장수 때문에 생겨나게 되었다. 어느 소 장수가 돈을 많이 벌 욕심으로 소에게 소금을 먹인 후 냇가로 끌고 갔다. 소금을 많이 먹은 소는 물을

많이 마시게 되어 실제보다 무게가 많이 나가게 된다. 소의 무게를 실제보다 더 부풀린다는 뜻인 인플레이션에서 아이디어를 얻어 경제학자들이 화폐 가치가 떨어져 물가 수준이 계속 올라가는 상태를 인플레이션이라고 표현하게 되었다.

인플레이션이 나타나면 사업가나 부동산이 많은 사람은 물건 값과 부동산 가격이 오르기 때문에 이익을 본다. 그러나 직장에서 정해진 돈을 받고 일하는 봉급생활자들이나 재산이 없는 사람들은 물가가 올라서 살기 힘들어진다.

인플레이션과 반대되는 현상, 즉 물가가 내려가는 것을 '디플레이션'이라고 한다. 디플레이션이 닥치면 소비자들은 앞으로 물건 값이 더 내릴 것으로 보고 자꾸 소비를 줄이게 된다. 소비가 줄어들면 기업은 장사가 안 되어 물건을 덜 만들게 되고, 결국 일자리를 줄이다 보니 직장을 잃는 사람들이 늘어나게 된다.

따라서 인플레이션과 디플레이션은 정도가 지나치면 모두 경제에 나쁜 영향을 미친다.

물가가 오르면 금리를 올린다

한국은행에서는 물가가 오르면 시중의 돈을 거두어들여 통화량을 줄인다. 즉 한국은행이 일반 은행들 사이에 서로 돈을 빌려 주고 받을 때 기준이 되는 이자율인 콜금리를 높이면 시중 은행들도 따라서 금리를 높여 통화량이 줄게 된다.

돈을 빌리게 되면 그 돈을 사용한 대가인 이자를 주어야 한다. 금리란 빌린 돈, 즉 원금에 대해 이자가 얼마인지를 나타내는 것이다. 100만 원을 빌려 주고 이자를 1년에 10만 원 주어야 한다면 금리는 이자 10만 원을 원금 100만 원으로 나누고 100으로 곱하여 연 10%가 된다. 금리가 높을수록 돈을 빌려 쓴 뒤 이자를 많이 내야 한다.

금리의 종류에는 여러 가지가 있다. 우리가 은행에 예금하고 받는 이자 계산에는 예금 금리가 적용되고, 돈을 빌리고 내는 이자를 계산할 때는 대출 금리가 적용된다.

그렇다면 금리 중에서 가장 힘이 센 금리는 무엇일까? 바로 콜금리이다. 콜은 일시적으로 돈이 부족한 금융기관이 여유가 있는 다른 금융기관에서 돈을 빌리는 것이다. 금융기관 사이에 이러한 거래가 이루어지는 시장이 콜시장인데, 콜시장에서 돈을 빌릴 때 기준이 되는 금리가 콜금리이다. 일반 은행이 고객에게 적용하는 금리는 이 콜금리에 따라 달라진다. 만약 콜금리가 올라가면 고객에게 적용하는 금리를 올리고, 콜금리가 내려가면 고객에게 적용하는 금리를 내리게 된다.

콜금리는 경기와 물가의 움직임을 살핀 후에 한국은행을 감독하는 금융통화위원회에서 결정한다. 경기란 쉽게 말해서 경제의 상태이다. 만약 경기가 지나치게 좋고 물가가 올라가고 있다면, 통화량을 줄이기 위해 콜금리를 높여 시중의 돈을 걷어 들인다. 반대로 경기가 너무 나빠질 것 같으면 콜금리를 낮추어 경기를 좋게 만드는 방법을 찾는다.

금리가 오르면 왜 시중의 통화량이 줄어드는 것일까? 생각해 보면 금방 이해할 수 있다. 은행에서 이자를 많이 주게 되면 사람들은 이자를 받기 위해 여윳돈을 은행에 예금하게 된다. 또 은행에서 돈을 빌린 받은 사람들은 높은 이자가 부담이 돼서 돈이 모이는 대로 대출금을 갚으려고 노력하게 된다. 따라서 시중의 돈이 은행으로 들어오게 되므로 자연히 통화량이 줄게 되는 것이다.

물가 인상을 잡으려면 화폐 인쇄기를 멈추게 하라?

　1954년 2월 11일 부산에 있는 한국조폐공사 인쇄 공장에 경찰관이 들이닥쳤다. 그들은 다짜고짜 인쇄 기계를 멈추게 하고 더 이상 화폐를 찍어 내지 못하게 했다. 이승만 대통령이 화폐 발행을 중지하라는 특별 명령을 내렸기 때문이다.

　전쟁은 보통 극심한 인플레이션을 몰고 온다. 한국 전쟁도 예외는 아니었다. 경제 혼란과 물가가 오르는 것을 막기 위해, 정부는 1950년 8월 제1차 화폐개혁(새로운 화폐 단위명을 만들어 과거의 화폐 단위명을 바꾸는 일)을 한 이후, 1953년 2월에는 제2차 화폐개혁을 단행하여 화폐 가치를 100 대 1로 하는 호칭 변경 조치(디노미네이션)를 하였다. 그러나 다음 해인 1954년에도 지난해에 비해 150%가량 물가가 올랐다.

　물가가 오르는 원인이 바로 통화량이 늘어나는 데 있다고 보고, 돈을 찍어 내지 않아야 문제가 해결될 수 있다는 생각이 들어 조폐공사의 인쇄 기계를 멈추게 한 것이었다.

　화폐를 발행하지 않으려면 한국은행에서 화폐 발행 계획을 세우지 않으면 된다. 그런데 인플레이션이 생겨난 근본 원인은 따져 보지 않고, 무작정 화폐 인쇄기를 멈추게 하라는 명령을 내렸던 것이다.

꼬물꼬물 박사님의 마무리

설날이 좋은 이유는 두말할 것도 없이 세뱃돈을 받을 수 있기 때문이지. '기왕이면 다홍치마'라는 말이 있어. 이 말을 세뱃돈에 적용시킨다면 '기왕이면 새 돈'이 아닐까?

그래서 설날이 가까워지면 새 돈을 찾는 사람들이 많아지고, 한국은행에서도 새 돈을 많이 발행하게 된단다.

돈도 다른 물건과 마찬가지로 흔해지면 가치가 떨어지지. 시중에 돌아다니는 돈의 양을 통화량이라고 하는데 통화량이 늘어나면 돈 가치는 떨어지게 돼. 돈 가치가 떨어지면 물건 값은 올라가고 결국 전체 물가도 올라가게 돼.

이런 경우 한국은행은 물가 안정을 위해서 통화량을 줄이려고 한단다. 물가 안정을 위해서 통화량을 조절하는 것은 한국은행의 중요한 역할 중 하나이거든. 통화량이 너무 많아져서 물가가 올라가면 한국은행을 감독하는 금융통화위원회에서는 콜금리를 높이게 되지. 금리가 올라가면 돈을 예금하겠다는 사람들이 많아져서 시중의 돈이 은행으로 들어오게 되어 통화량이 줄어들게 돼. 이제 물가가 올라가면 왜 금리를 올려야 한다는 소리가 자주 들리는지 확실히 알겠지?

꼬질이의 인터뷰 : 밀튼 프리드먼

1976년에 노벨 경제학 상을 받았던 밀튼 프리드먼 교수와 꼬질이가 화상으로 만났다. (밀튼 프리드먼 교수는 안타깝게도 2006년 11월 16일 세상을 떠났다.)

안녕하세요? 꼬물꼬물 가족의 귀염둥이 꼬질이입니다. 교수님께서는 1912년에 태어나셨다고 들었어요. 아흔이 넘을 때까지 연구 위원으로 활동하고 계셨다면서요? 많은 나이에도 불구하고 그렇게 열정적으로 활동하신 비결은 무엇인가요?

나는 나라 경제를 정부가 이끌고 가는 것보다는 시장 기능에 맡기는 것이 좋다고 생각합니다. 우리 삶도 마찬가지지요. 억지로 무엇이 되려고 아등바등하기보다는 최선을 다하되 물 흐르는 것처럼 마음을 비우고 사는 것이 최고지요. 그게 나의 비결입니다.

경제학자가 아닌 철학자와 같은 말씀을 하시네요. 교수님의 경제에 대한 생각을 들려주시겠어요?

자유 시장과 작은 정부. 나는 정부가 경제에 대해 지나치게 간섭하면 오히려 경제 성장을 방해한다고 봅니다.

교수님의 화폐에 대한 이론이 아주 유명하다고 들었어요. 어떤 내용인가요?

돈의 양이 물가수준을 결정한다는 내용이지요. '한국은행에서 돈을 많이 찍어 내면 한국이 부자가 될 텐데'라고 생각하는 어린이도 있을지 모르죠. 그러나 돈을 많이 찍어 내어 통화량이 늘어나면 돈 가치가 떨어져서 물가만 올라가게 됩니다.

교수님, 인터뷰에 응해 주셔서 감사합니다.

6. 설날이 지나면 금리가 올라간다고?

7. 초콜릿으로 사랑을 고백하면 정부가 돈을 많이 쓴다고?

사랑을 고백하게 만드는 초콜릿

우리나라에서는 밸런타인데이가 여성이 남성에게 사랑을 먼저 고백하는 날로 통한다. 고백의 방법으로는 초콜릿 선물이 가장 많이 이용되고 있다.

화려하게 포장된 초콜릿 바구니를 들고 행복한 표정을 짓는 남성들을 제일 많이 볼 수 있는 날. 바로 2월 14일 밸런타인데이이다. 최근 들어 밸런타인데이를 앞두고 아무런 생각 없이 외국 관습을 무조건 받아들이는 것에 대한 비판이 높아지고 있다. 그런데 밸런타인데이는 언제 어느 나라에서 시작되었을까?

3세기경 로마 시대에는 결혼을 하기 위해서는 황제의 허락을 먼저 받아야 했다. 때로는 서로 사랑하지만 결혼 허락을 받지 못해서 애태우며 눈물짓는 젊은이들도 있었다. 이를 안타깝게 여긴 사제 밸런타인은 서로 사랑하는 젊은이들을 황제의 허락이 없어도 결혼시켜 주었다. 269년에 사제는 이 일로 인해 처형을 당했다. 그리고 1,000년이 넘는 세월이 흐른 14세기경에 그가 순교한 2월 14일을 '밸런타인데이'라고 부르게 되었고, 사랑의 선물이나 편지를 주고받기 시작했다고 한다.

또 영국과 프랑스에서 겨울잠에서 깨어난 새들의 짝짓기가 시작되는 날이 2월 14일이라서 이날이 연인들의 축제일로 정해졌다는 이야기도 있다.

아무튼 영국에서 밸런타인데이가 기념일로 자리 잡은 것은 17세기부터라고 한다. 18세기 중엽까지는 친구나 연인 사이에 우정이나 사랑을 표시하는 작은 선물이나 편지를 주고받는 것이 일반적이었다. 인쇄술이 발달했던 18세기 말부터는 손으로 쓴 편지 대신 인쇄된 카드를 보내기 시작했다.

미국에서도 1700년대부터 밸런타인카드를 보내는 풍습이 생겼다. 미국과 캐나다 어린이들은 밸런타인데이에 잡지나 색종이, 종이 인형 등으로 직접 만든 카드나 선물을 주고받는다. 친구들뿐만 아니라 부모님이나 선생님께도 크고 멋진 카드를 보낸다. 그래서 크리스마스카드 다음으로 많이 보내지는 카드가 바로 밸런타인카드이다. 서양의 밸런타인데이는 연인들의 축제일을 넘어서서 주위 사람들에게 사랑과 관심, 존경을 표현하는 축제일이라고 할 수 있다. 밸런타인데이를 상징하는 색깔은 빨강이고 모양은 하트이다.

요즘은 우리나라 여성들도 마음에 드는 남성이 있으면 좋아한다는 표현을 먼저 하는 경우가 많다. 그러나 보수적인 사회 분위기 때문에 사랑 고백은

남성이 먼저 해야 한다고 생각했던 여성들이 대부분이었던 시절이 있었다. 그 시절 짝사랑으로 가슴 졸이던 여성들의 답답함을 풀어 주기 위해서였는지, 우리나라에 밸런타인데이가 들어오면서 여성이 먼저 사랑을 고백하는 날로 소개되었다.

사랑을 고백하는 방법으로는 초콜릿 선물이 가장 많이 이용되고 있다. 1년 동안 팔리는 초콜릿의 반 이상이 이때 팔린다고 하니, 초콜릿 장사들이 가장 좋아하는 날은 두말할 필요도 없이 2월 14일이다.

그런데 밸런타인데이가 아닌데도 초콜릿이 잘 팔리는 때가 있다. 언제일까?

초콜릿의 역사

초콜릿은 카카오 열매로 만든 과자나 음료이다. 카카오나무는 3,000여 년 전 멕시코, 중앙아메리카 지역에 살고 있던 올멕 인들이 처음으로 재배하기 시작했고, 마야 인들은 카카오 열매로 만든 초콜릿 음료를 즐겨 마셨다고 한다.

화폐가 생기기 이전에는 소금이나 곡식과 같은 물품이 화폐 대신으로 사용되었다. 이를 물품화폐라고 한다. 카카오 열매도 한때 물품화폐로 쓰인 적이 있다. 1519년 에스파냐 사람 에르난 코르테스는 신화에 나오는 황금의 나라인 엘도라도를 찾기 위해 배를 타고 신대륙으로 갔다. 그는 황금의 나라를 발견하지는 못했지만 황금이 열리는 나무를 찾아냈다. 바로 카카오나무였다. 코르테스는 카카오 열매를 물품화폐로 쓰기로 하고 캐리비안 일대에서 카카오나무를 재배했다. 당시 노예 한 명은 카카오 열매 100개, 토끼 한 마리는 카카오 열매 4개와 교환되었다고 한다. 카카오 열매가 바로 돈이었으니까 결국 카카오나무는 황금이 열리는 나무라고 할 수 있다.

카카오 열매가 유럽에 전해진 것은 15세기 말이었다. 신대륙을 발견한 콜럼버스가 이를 에스파냐로 가지고 돌아가서 유럽에 알렸다고 한다. 그리고 16세기 중반에 코르테스가 에스파냐 귀족과 부자들에게 이를 소개하여 17세기 중반에는 유럽 전역에 퍼지게 되었다. 처음에는 음료로 사용되었지만 1828년에 네덜란드 인 반 호텐이 설탕과 같은 첨가물을 넣은 후 고체로 만드는 데 성공했다.

18세기 바람둥이로 유명한 카사노바가 초콜릿을 사랑을 맺어 주는 신비의 약이라고 선전한 이후, 초콜릿은 사랑을 전하는 선물로 널리 쓰이게 되었다. 초콜릿에는 사람들이 사랑에 빠졌을 때 몸에서 나오는 페닐에틸아민 성분이 많이 들어 있다고 하니 카사노바의 말이 거짓은 아니라고 할 수 있다.

요즘은 카카오 반죽에 우유, 버터, 설탕, 향료 등을 첨가한 후 틀에 부어 넣어 여러 가지 모양의 초콜릿 과자를 만들고 있다.

초콜릿은 불황일 때 더 잘 팔린다

경기가 나빠지면 물건이 잘 팔리지 않는다. 그런데 경기가 나빠지면 더 잘 팔리는 상품들이 있다. 주머니 사정이 나쁜 사람들은 적은 돈으로 즐거움을 느끼게 해 주는 물건들을 찾게 된다. 그래서 초콜릿은 불황일 때 더 잘 팔린다.

립스틱이 불티나게 팔리면 경제 전문가들은 긴장한다. 립스틱이 잘 팔린다는 것은 경제 사정이 나빠졌다는 뜻이기 때문이다. 경기가 나빠지면 여성들은 화장품을 사는 데 지갑을 잘 열지 않는데 희한하게 립스틱은 더 많이 산다. 입술을 화사하게 바르고 우울함을 잊어버리려고 하므로 특히 화려한 색깔의 립스틱이 인기가 있다.

9·11 테러 이후 미국에서는 경기가 얼어붙으면서 붉은색 립스틱이 인기를 끌었다. 머리 색깔도 화사해졌다고 한다. 자연스러운 갈색 머리보다 밝고 화려한 금발 색상의 머리 염색약이 잘 팔렸다. 남성들은 분홍색 넥타이를 많

이 샀다고 한다. 평소에는 거의 팔리지 않던 분홍색 넥타이가 전체 넥타이가 팔린 양의 30%를 차지했다. 경제 전문가들은 경기 위축과 불안한 국제 정세를 벗어나고 싶은 사람들의 심리가 이런 현상을 불러왔다고 말했다.

그렇다면 불황일 때 사람들의 입맛은 어떻게 변할까? 경기가 나빠지면 사람들은 달콤한 맛을 원한다. 그래서 주머니 사정이 나쁘면 사람들은 적은 돈으로 즐거움을 느끼게 해 주는 초콜릿을 찾는다. 1980년대 경기 침체를 겪었던 스웨덴에서는 초콜릿의 판매량이 갑자기 늘었다고 한다. 미국에서도 1990~1992년 경기 침체를 겪게 되자 초콜릿과 사탕의 판매량이 늘었다. 하지만 1997~1999년 호황기에는 오히려 이들의 매출이 줄었다고 한다.

하지만 아무리 초콜릿을 정말 좋아하는 사람이라도 경기가 나쁜 상태로 머물러 있기를 원하지 않을 것이다. 그래서 하루하루 살아 나가기가 힘겨워지면 나라 경제를 책임지고 있는 사람들을 탓하는 소리도 높아진다. 이럴 때 정부는 어떻게 경기를 살리려고 할까?

경제에도 훌륭한 조종사가 필요하다

경기란 경제 활동 기운을 줄인 말로 생산, 소비, 투자와 같은 전체적인 경제 활동 상태를 나타내는 말이다. 소비와 투자, 생산 등 경제 활동이 활발하면 경기가 좋다고 하고, 경제 활동이 움츠러들면 경기가 나쁘다고 한다.

경기가 좋으면 일자리가 많아지고 사람들의 소득도 늘어나서 생활이 윤택해진다. 하지만 이런 상태가 항상 계속될 수는 없다. 경기가 좋아지면 사람들의 씀씀이가 커지고 인건비(사람을 부리는 데에 드는 비용)가 올라서 나중에는 물건 값이 오르게 된다. 물건 값이 오르면 사람들은 소비를 줄이게 된다. 그래서 경기가 움츠러든다. 소비가 줄면 생산이 줄고 일자리를 잃은 사람이 늘어나게 된다. 실업이 늘면 사람들의 씀씀이는 더 줄어들게 된다.

우리의 몸 상태가 좋을 때도 있고 나쁠 때도 있는 것처럼 경기도 계속 변화를 겪는다. 경기는 일정한 주기를 가지고 호황과 불황을 반복한다. 다시 말해서 경기가 좋다가(호황) 서서히 움츠러들어서(침체기) 나빠졌다가(불황) 다시 서서히 활기를 되찾아(회복기) 좋아지는 상태를 되풀이한다.

그런데 경제 순환에 대한 이야기가 나올 때 경착륙이나 연착륙과 같은 비행기 착륙과 관련된 낱말이 쓰이는 경우가 있다. 연착륙(soft landing)이란 비행기에 무리가 가지 않도록 활주로를 따라 부드럽고 안전하게 내려앉는 것을 말한다. 경제에서도 높은 성장 후 급격한 경기 침체나 실업 증가 없이 서서히 안정기에 접어드는 현상을 연착륙이라고 한다. 경기 후퇴나 불황이 불가피한 경우라면 가벼운 수준에서 짧은 기간 내에 벗어나는 것이 최선이다. 그래서 경기가 후퇴할 때 사람들은 정부와 중앙은행이 경기를 연착륙시킬 수 있는 훌륭한 조종사가 되기를 원한다.

불황이면 정부 사업이 많아진다

　불황에서 벗어나려면 사람들이 소비를 늘려야 하고, 소비가 늘어나려면 국민들의 소득이 많아져야 한다. 그래서 불황일 때 정부에서는 국민들이 돈을 벌 수 있도록 일자리를 마련해 주려고 여러 가지 사업을 하게 된다.

　1929년 10월 24일 목요일, 뉴욕 주식 시장의 주가가 갑자기 큰 폭으로 떨어졌다. 사람들은 이날을 검은 목요일이라고 부른다. 경제 대공황은 이렇게 시작되었다. 주식 투자를 했던 사람들은 순식간에 빈털터리가 되었고, 문을 닫는 기업의 수는 셀 수 없을 정도로 많았다. 1929년 약 3%였던 미국의 실업률은 1933년에는 무려 26% 가까이 올라갔고, 거리에는 일자리를 잃고 헤매는 사람들로 넘쳐났다. 1930년에는 400만이었던 실업자 수가 2년 후에는 1,300만 명이 되었다. 미국의 경제 혼란은 곧바로 유럽 경제에도 영향을 미쳐서 세계경제는 걷잡을 수 없이 나빠지게 되었다.

당시에는 경제는 시장 흐름에 맡겨 두어야 한다는 생각이 일반적이어서 정부는 경제에 간섭하지 않는 것이 원칙이었다. 또한 불황은 공장에서 물건을 많이 만들어 주면 해결될 수 있다고 생각했다. 그러나 미국뿐만 아니라 영국, 프랑스, 독일 등에서 생긴 심각한 실업 문제는 예전의 경제 이론으로는 해결책을 찾을 수 없었다.

그때 혜성처럼 나타난 경제학자가 케인즈였다. 그는 사람들이 쓸 돈이 없으면 소비를 줄이고, 소비가 줄어들면 물건이 잘 팔리지 않아서 기업은 생산을 줄이게 되고, 기업이 생산을 줄이면 일자리가 줄어든다고 보았다. 그래서 대공황에서 벗어나는 길은 정부가 사람들의 소비를 살리는 분위기를 만들어야 하는데, 소비를 살리려면 국민들의 소득이 늘어나야 한다고 판단했다. 그러기 위해서 정부가 먼저 돈을 쓰거나 세금을 줄여서 사람들이 쓸 수 있는 돈의 양을 늘려야 한다고 생각했다.

그는 당시 루스벨트 대통령에게 경제를 살리기 위해 정부가 사업을 많이 하라고 권유하는 편지를 썼다. 편지에는 돈 항아리를 땅속에 묻어 놓은 후 사람들이 땅을 파서 꺼내어 소비하도록 해도 좋을 거라는 농담도 들어 있었다고 한다.

　루스벨트 대통령은 케인즈의 권유를 받아들여 뉴딜 정책을 시행했다. 뉴딜 정책이란 쉽게 말해서 실업자들에게 일자리를 주려고 실시한 정책이다. 여러 토목 사업을 벌이면서 사람들에게 일자리를 만들어 주고 돈을 벌게 해 주었다. 시간이 흐르면서 미국 경제는 대공황의 늪에서 벗어나게 되었고 사람들은 이를 뉴딜 정책 때문이라고 생각했다.

　그러나 1970년대 석유파동을 경험하고 나서 대공황을 벗어난 것이 과연 뉴딜 정책 때문이었을까 하는 의문을 가진 사람들이 나타나게 된다. 석유파동이란 석유 공급이 줄어들어 석유 값이 갑자기 오르면서 세계경제가 큰 혼란과 어려움을 겪는 것을 말한다. 석유파동으로 인한 경제 불황을 잘 해결하려고 정부가 뉴딜 정책과 같은 정책을 시도했지만 오히려 생산량은 줄어들면서 가격은 엄청나게 오르는 현상이 나타났다. 그래서 미국이 대공황을 극복할 수 있었던 것은 뉴딜 정책 때문이 아니라 유럽 나라들이 전쟁을 하는 동안 미국이 전쟁에 필요한 물자를 대주는 일을 하게 되어 생산을 늘릴 수 있게 된 덕분이라고 말하는 사람도 생겼다.

　하지만 요즘도 경제가 불황이면 뉴딜 정책과 같은 경제정책을 시도하게 되는 경우가 많다. 그래서 우리나라가 불황을 벗어나기 위해서 2005년 하반기부터 시행한 정부 종합투자계획을 다른 말로 한국형 뉴딜 정책이라고 부르기도 한다. 그런데 정부가 사업을 많이 하게 되면 무슨 일이 생기게 될까?

정부의 사업이 많아지면
정부가 돈을 많이 쓴다

일자리가 줄어들어 소비가 얼어붙는 악순환에서 벗어나 경제를 살리는 데 정부가 앞장서기로 했다. 규모가 큰 사업을 많이 벌일 계획인데 사업이 많아지면 되면 정부는 돈을 많이 쓰게 된다.

경제를 살리기 위해 2005년 하반기부터 시행된 종합투자계획, 즉 한국형 뉴딜의 주요 사업 내용을 살펴보자. 종합투자계획에는 민간과 공공 자본 10조 원을 만들어서 경기를 살리는 데 효과가 큰 사회간접자본과 IT 부문 투자, 임대주택 건설 등을 주요 내용으로 하고 있다.

우선 사회간접자본 투자와 관련해 고속도로 사업을 대대적으로 추진하며 도로 확장과 포장 공사도 한다. 정부가 계획하는 제2경부고속도로를 비롯한 사회간접자본 사업에는 1조 6,207억 원의 돈이 필요하다.

또한 정부는 IT 부문에 2조 원 정도의 돈을 쓸 예정이다. 국가 데이터베이스(DB) 구축 사업에 집중적으로 투자하기로 했다.

일자리 만들기 및 건설 경기 살리기를 위해서 2005년부터 2012년까지 중대형 임대주택 50만 가구도 건설하기로 했다.

기업들이 투자를 늘리지 않아서 일자리가 줄어들고, 일자리가 줄어들어 소비가 얼어붙는 악순환에서 벗어나지 않는 한 우리 경제가 살아나기 어렵다고 보고, 정부가 앞장서서 투자를 늘려서 경제를 살리겠다는 뜻이다.

물론 이처럼 많은 사업을 정부 혼자서 하는 것은 아니다. 민간 기업의 투자가 함께 이루어질 수 있게 사업이 진행된다. 하지만 경제 살리기에 대한 정부 의지를 보여 주려면 정부가 먼저 투자를 해야 하므로 정부는 엄청나게 많은 돈을 써야 한다.

그러면 정부는 사업에 필요한 돈을 어떻게 마련할까?

국가 및 기타 공공단체 등이 살림살이에 필요한 돈을 모으고, 쓰고, 관리하는 모든 일을 재정이라고 한다. 정부가 쓰는 돈의 대부분은 국민들이 내는 세금으로 마련한다. 가계나 기업들이 벌어들이는 돈보다 쓰는 돈이 더 많은 적자(돈이 부족함) 상태에 놓일 수 있듯이, 정부도 너무 많은 사업을 하면서 돈을 많이 쓰다 보면 재정이 적자 상태가 될 수도 있다.

2005년 우리나라의 재정 적자는 13조 원을 넘었다. 가계나 기업의 적자 상태가 바람직한 것이 아니듯이 재정 적자도 바람직한 것은 아니다. 그래서 정부가 재정 적자를 감수하면서 의욕적으로 사업을 벌이겠다고 할 때, 이를 반대하는 국민들도 있다.

꼬물꼬물 박사님의 마무리

우리나라에서는 밸런타인데이가 여성이 남성에게 사랑을 먼저 고백하는 날로 통하지. 고백의 방법으로는 초콜릿 선물이 가장 많이 이용되고 있어.

그런데 초콜릿은 경기가 좋을 때보다 나쁠 때 더 잘 팔린다고 해. 주머니 사정이 나쁘면 사람들은 적은 돈을 들여서 즐거움을 느끼는 방법을 찾게 되는데, 그 방법이 초콜릿 먹는 일이거든.

아무리 초콜릿을 좋아하는 사람이라도 경기가 계속 나쁜 상태로 머물러 있기를 원하는 사람은 없겠지? 불황에서 벗어나려면 소비가 늘어나야 하는데, 소비를 늘리려면 국민들의 소득이 많아져야 한단다. 그래서 불황일 때 정부에서는 사람들의 일자리를 늘리려고 여러 가지 사업을 하게 되지.

개인이나 기업이 사업을 할 때 돈이 필요하듯이 정부가 사업을 할 때도 당연히 돈이 필요해. 정부의 사업은 엄청나게 규모가 크기 때문에 경제를 살리기 위해 정부가 사업을 하면 아주 많은 돈을 쓰게 된단다.

자, 이제는 초콜릿으로 사랑을 고백하면 왜 정부가 돈을 많이 쓰게 되는지 이해가 되지?

초등학생들도 세금을 내고 있어요

나라에서 하는 중요한 일에 필요한 비용을 마련하기 위해 국민이 서로 나누어 내는 돈을 세금이라고 한다. 세금은 외국의 침략으로부터 국민의 생명과 재산을 보호하기 위한 방위비와 나라의 경제를 발전시키기 위한 경제개발비, 국민의 복지 증진과 편리한 생활환경을 마련하기 위한 사회개발비와 의무교육과 교육 시설, 연구 활동 등을 지원하기 위한 교육비 등으로 쓰이고 있다.

세금을 국가가 국민들로부터 강제로 빼앗아 가는 돈이라고 생각하는 사람들이 많다. 그렇지만 세금이 없다면 지하철이나 도로를 만들 수 없고, 경찰이 없으므로 범죄를 막을 수 없고, 학교교육도 받을 수 없을 뿐만 아니라 다른 나라의 침략을 받더라도 나라를 지킬 수 없다.

영수증에 표시되어 있는 부가가치세

세금에는 중앙정부가 걷는 국세와 지방자치단체가 걷는 지방세가 있다. 국세 중에는 국민이 직접 납부해야 하는 직접세와 자기도 모르는 사이에 내는 간접세가 있다. 슈퍼마켓에 가서 물건을 사고 받은 영수증을 살펴보면, 물건 값 이외에 부가가치세라는 세금이 표시되어 있다. 부가가치세란 물건을 사거나 서비스를 받을 때 물건 값이나 서비스 요금에 붙여서 내는 세금이다.

또 사치품을 살 때에는 특별소비세라는 세금이 붙는다. 부가가치세나 특별소비세는 물건이나 서비스를 판 사람들이 소비자로부터 받은 세금을 나라에 대신 납부하고 있다. 그러니까 초등학생들도 물건을 사거나 서비스를 받을 때마다 세금을 내고 있는 것이다.

8. 튤립 때문에 부동산 가격이 오른다고?

부동산 가격이 오른다

부동산은 땅이나 건물같이 한자리에 고정되어 있어서 옮길 수 없는 재산이다. 그런데 최근 몇 년간 부동산 가격이 너무 많이 올랐다고 한숨 쉬는 사람들이 많아졌다.

뉴스에서는 거의 매일 부동산에 대한 소식이 나오고, 어른들은 모이면 부동산 이야기를 자주 한다. 부동산이 무엇이기에 그렇게 많은 관심을 갖는 걸까?

부동산은 땅이나 건물같이 한자리에 고정되어 있어서 옮길 수 없는 재산이다. 우리가 살고 있는 아파트나 단독 주택, 사무실이 있는 건물이나 빌딩, 땅, 그리고 시골의 논과 밭 등이 모두 부동산이다. 반대로 컴퓨터나 자동차, 냉장고, TV 등과 같이 움직일 수 있는 재산을 동산이라고 한다.

집이나 땅과 같은 부동산은 컴퓨터나 냉장고와 같은 물건들과 비교하면 아주 비싸다. 그래서 사람들은 집이나 땅을 사려면 미리 계획을 세우고, 차근차근 저축을 해서 돈을 모은다. 열심히 저축을 해서 돈을 모아도 필요한 돈을 모두 마련하기 쉽지 않아 부동산을 살 때는 모자라는 돈을 금융기관에서 빌려서 보태기도 한다.

그런데 최근 몇 년간 부동산 가격이 너무 많이 올랐다고 한숨 쉬는 사람들이 많아졌다. 마음 놓고 살 집을 마련하기 위해서 여러 해 동안 열심히 저축했는데 집값이 너무 많이 올라 계획대로 집을 살 수 없다면 얼마나 속이 상할까? 부동산 가격을 안정시키겠다는 정부의 말을 믿었던 사람들은 하늘 높은 줄 모르고 올라가는 집값을 바라보며 배신감마저 느끼게 되었다. 부동산 가격을 안정시키기 위한 여러 가지 대책을 마련했지만 별로 효과가 없어서 답답하기는 정부도 마찬가지일 것이다.

이렇게 계속 부동산 가격이 오르게 되면 어떤 일이 벌어지는 걸까?

부동산 가격이 오르면 거품이 생긴다

최근 들어 신문이나 방송에서 부동산에 거품이 생겼다는 보도를 많이 하고 있다. 거품은 비누 방울에서 생기는 것인데 부동산에도 거품을 만드는 장치가 있는 걸까?

경제에서 거품이란 실제 가치보다 가격이 너무 높게 매겨진 것을 말한다. 즉 거품은 어떤 물건의 실제 가치보다 높은 가격에서 거래가 이루어지는 경우에 생긴다. 거래란 주고받거나 사고파는 것을 말한다. 거품이 만들어지면 집이나 땅은 그대로 있는데 가격만 계속 올라간다.

물론 부동산 가격이 오르는 데는 여러 가지 이유가 있다. 따라서 부동산 가격이 올랐다고 해서 모두 거품이 생겼다고는 볼 수가 없다. 부동산 가격은 실제로 살기 위해 집을 사려는 사람이 많이 늘어서 오를 수도 있고, 아파트와 같은 건물은 아파트를 짓기 위해 필요한 땅값이 올랐거나 건물을 짓는 데 필요한 원자재 가격이 올라서 오를 수도 있다. 이렇게 정상적으로 가격이 오를 때는 부동산에 거품이 생겼다고 말하지 않는다. 영어로는 거품을 버블(bubble)이라고 하기 때문에 신문이나 방송에서는 버블이라는 말을 쓰기도 한다.

부동산 거품은 부동산을 사 두는 것이 돈을 가장 많이 늘릴 수 있는 방법이라고 생각하고 돈이 부동산 쪽으로 돈이 몰리는 경우에 생긴다. 많은 경제 전문가들은 물가는 계속 오르는데 금리는 낮기 때문에 최근 수년간 우리나라 부동산 가격이 가파르게 올랐다고 보고 있다. 예금 금리가 물가 상승률보다도 낮아지자, 예금을 할 바에야 부동산을 구입하겠다는 사람들이 많이 늘어났다. 부동산을 사려는 사람이 많아지면, 즉 수요가 많아지면 가격은 오르게 된다. 그러나 실제 부동산 가치가 크게 오른 것은 아니기 때문에 부동산 시장에 거품이 생겼다고 본다.

비누 방울 놀이를 할 때 비누 방울이 터지면 흔적도 없이 사라진다. 경제에서의 거품도 마찬가지다. 실제 가치보다 높은 가격에 거래되면서 생긴 거품은 꺼지게 마련이어서 결국 가격이 내려가게 된다. 하지만 거품이 생기기 시작할 때에는 이미 생긴 부동산의 거품을 깨닫지 못하고 계속 부동산 시장으로 돈이 몰려서 거품은 더욱 커지게 된다.

무엇이 거품을 더 키우는 걸까?

부동산 거품은 투기로 인해 커진다

실제로 필요하지 않은 집을 가격이 오를 것을 기대하고 사들이게 되는 현상을 부동산 투기라고 한다. 부동산 투기는 부동산 가격을 자꾸 올라가게 만들어 부동산 거품은 더욱 커지게 된다.

어떤 물건의 진짜 가치는 그대로 있는데 시장에서 값이 계속 오른다고 생각하는 사람들이 많을 때 거품이 생긴다. 사람들은 집값이 계속 오르기 때문에 집을 사 두면 돈을 벌게 된다고 보고 집을 사들인다.

사람들이 실제로 필요하지 않은 집이나 땅을 가격이 오를 것이라고 기대하고 사들이면 부동산 투기가 일어났다고 한다. 새로운 부가가치를 만들어 내어 물건의 실제 가치를 높이는 일을 투자라고 한다. 그런데 투기는 공급이 줄거나 수요가 크게 늘어날 거라고 보고 물건을 미리 사 두어 이익을 내려는 것이다. 예를 들어 땅을 사서 집을 지은 후에 팔아서 이익을 남기면 투자라고 할 수 있고, 가격이 오를 때 팔아서 이익을 남기겠다는 목적만으로 땅을 사는 것을 투기라고 본다.

부동산 투기가 일어나 부동산 가격이 자꾸 올라가면, 부동산 시장의 거품은 더욱 커지게 된다. 부동산 거품이 커지면, 집 없는 서민들이 가장 피해를 본다. 성실하게 일해서 살아가는 사람들은 치솟는 부동산 가격을 보고 일할 의욕이 떨어진다. 그래서 부동산 가격을 안정시키지 못하는 경제정책에 대해 불만이 높아진다.

경제가 잘 돌아가려면 우리가 가진 자원을 가장 가치가 높은 곳이나 정말 필요한 곳에 먼저 투자해야 한다. 그런데 부동산 투기가 일어나면 생산 시설을 늘리거나 기술 개발에 투자하는 등 가장 가치가 높은 곳, 정말 필요한 곳에 투자를 해서 새로운 부가가치를 만들어 내기보다는 손쉽게 많은 돈을 벌 수 있는 부동산 시장으로 돈이 몰리게 된다.

부동산 투기가 일어날 때 사람들은 빚을 얻어서라도 부동산을 사려고 한다. 저축은 줄어들고 부동산을 사기 위한 빚이 늘어나 기업이 투자할 수 있는 돈이 부족하게 된다.

기업의 투자가 줄어들면 생산 활동이 움츠러들게 되고, 일자리도 줄어든다. 경제 활동에 문제가 생기면서 사람들은 실제 가치에 비해서 부동산 가격이 너무 많이 올라 거품이 생겼다는 것을 비로소 눈치 채게 된다. 그동안 부동산 사기에 열을 올렸던 사람들이 한꺼번에 부동산을 파는 쪽으로 방향을 바꾸면 가격은 떨어지고 거품은 꺼지기 시작한다.

갑자기 거품이 꺼지게 되는 경우를 생각해 보자. 갑자기 아파트 가격이 반값이 된다면, 자기 돈으로 아파트를 산 사람들의 재산은 반으로 줄어든다. 금융기관에서 돈을 빌려서 아파트를 산 사람들은 빚을 갚을 수 없게 된다. 빌려 준 돈을 받지 못하면 금융기관에도 문제가 생긴다. 금융기관의 사정이 나빠지면 기업은 투자에 필요한 돈을 빌리기 어려워진다. 결국 경제는 제대로 돌아가지 못하고 불황에 빠지게 된다.

실제로 이웃 나라 일본에서는 1990년대 초 부동산 거품이 꺼지면서 시작된 불황으로 10년이 넘는 긴 세월 동안 불황이 계속되었다.

투기는 우리 경제에 이득은 없고 손해만 끼친다는 것이 일반적인 생각이다. 그렇지만 투기가 일어날 당시에는 많은 사람들이 냉정한 판단을 하지 못하고 너도나도 투기에 뛰어든다. 그런데 이렇게 많은 피해를 주는 투기는 언제부터 시작되었을까? 사람들이 이성을 잃고 투기에 빠지게 한 것이 부동산이나 주식뿐이었을까?

투기를 불러일으킨 튤립

17세기 네덜란드에서는 희귀한 튤립 한 뿌리가 1억 원 정도에 팔리는 믿을 수 없는 일이 벌어졌다. 투기가 가라앉자 튤립은 1% 이하로 가격이 갑자기 떨어졌다.

풍차와 꽃의 나라, 네덜란드. 자연환경이 아름다운 네덜란드는 어린이들에게 2002년 월드컵에서 우리 축구팀이 4강까지 진출할 수 있도록 뛰어난 지도력을 발휘했던 축구 감독 히딩크의 나라로 알려져 있다. 그런데 네덜란드는 투기 이야기가 나올 때마다 항상 등장하는 꽃인 튤립과 관련된 아픈 과거를 가지고 있는 나라이다.

튤립이 유럽에 처음 알려졌을 때 아름다운 모양과 색깔에 반한 사람들은 너도나도 이 꽃을 가꾸고 싶어 했다. 그래서 16세기 유럽에서는 튤립을 원산지인 터키로부터 엄청난 값을 주고 수입했으므로 아주 비싸게 팔렸다. 1600년부터 중부 유럽에서도 튤립을 직접 기를 수 있게 되었으나 튤립 가격은 내려가지 않았다.

　유럽에서도 부자 나라에 속했던 네덜란드 사람들은 튤립을 사랑하는 마음이 유난스러워서, 튤립을 키우지 않는 사람은 교양이 없다는 말이 나올 정도였다. 1630년대에 튤립의 인기는 더욱 높아졌고 가격은 자꾸 높아졌다. 그래서 1634년에서 1636년까지는 튤립 가격이 계속 올라가 튤립 한 뿌리를 사려면 1,000굴덴 이상을 주어야 했다. 500굴덴이면 한 가족이 1년간 생활하고도 남았다고 하니 그때의 튤립 가격은 도저히 이해할 수 없는 정도였다.

　이렇게 튤립의 인기가 높아지고 심지어 일주일에 두 배로 가격이 치솟자 너도 나도 투기에 열을 올렸다. 튤립을 투자 대상으로 생각하면서 재산을 털

어 튤립을 마구 사들이는 사람들이 늘어났다. 귀족, 상인, 변호사, 농장주, 선원 할 것 없이 튤립을 사는 데 전 재산을 쏟아 부었다. 튤립 가격이 미친 듯이 올라서 가장 희귀한 튤립 한 뿌리가 요즘 가격으로 10만 달러(우리 돈으로 1억 원 정도)에 팔리기도 했다. 또 암스테르담 중심지에 있는 땅과 맞바꾸는 사람도 있었다.

하지만 1637년 2월이 되자 상황이 뒤바뀌었다. 더 이상 가격이 오르지 못할 것으로 본 일부 투자자가 튤립을 팔기 시작하자 갑자기 튤립 가격이 떨어지기 시작했다. 심지어 하루 만에 가격이 절반 수준으로 곤두박질치기도 했다. 결국 튤립 가격은 예전 가격의 100분의 1수준, 심지어 그 이하로 떨어졌다. 이로 인해 빚더미에 올라앉은 사람들이 셀 수 없이 많았다. 투기로 인해 네덜란드 경제는 엉망이 되었고, 결국 유럽 경제 대국의 자리를 영국에 넘겨주게 되었다.

네덜란드의 튤립 투기는 터무니 없는 일로 돈을 벌 수 있는 가능성이 있으면 수백만 명이 한꺼번에 이성을 잃어버릴 수 있다는 사실을 보여 준 투기의 대표적인 예가 되었다.

꼬물꼬물 박사님의 마무리

어떤 물건이 시장에서 거래되는 가격이 물건의 진짜 가치보다 높게 형성된 것을 거품이라고 한단다. 거품이 생기면 집이나 땅의 가치는 그대로이지만 가격은 계속 올라가게 돼. 거품을 키우는 것은 투기 때문이란다. 사람들이 실제 필요하지도 않은 집이나 땅을 가격이 오를 거라고 기대하고 사들이는 현상을 부동산 투기라고 하지. 부동산 투기가 일어나면 부동산 가격은 자꾸 올라가서 부동산 거품은 더욱 커지게 된단다. 그러다가 거품이 꺼지게 되면 경제 침체가 일어나게 돼. 투기는 우리 경제에 이득은 없고 손해만 끼치지만 투기가 일어날 당시에는 많은 사람들이 냉정한 판단을 하지 못하고 너도나도 투기에 뛰어들고 싶어 하지.

17세기 네덜란드에서는 희귀한 튤립 한 뿌리가 1억 원 정도에 팔리는 믿을 수 없는 일이 벌어졌어. 투기가 가라앉자 튤립 가격은 1% 이하로 갑자기 떨어졌지. 튤립 때문에 부동산 가격이 오른다니까 엉뚱한 소리를 한다고 생각했지? 투기로 인해 부동산 가격이 오르는데, 투기의 원조는 튤립 투기이니까 부동산 가격이 오르는 것이 튤립 때문이라고 말해 본 거야.

우리나라 사람들은 어떤 집에 살고 있을까?

단위 : 1,000가구

구분	전체 가구수	단독주택		아파트		연립 및 다세대		기타	
		가구수	%	가구수	%	가구수	%	가구수	%
1980년	7,969	7,107	89%	391	5%	205	3%	266	3%
2005년	15,887	7,064	44%	6,629	42%	1,695	11%	499	3%

자료 : 통계청 인구 주택 총 조사 보고서

 1980년까지만 해도 우리나라 사람들은 대부분 단독주택에서 살았다. 집을 지을 땅은 그대로인데 인구가 늘어나자 땅을 효율적으로 이용하고 가구당 건축비를 줄일 수 있는 공동주택이 늘어나게 되었다. 우리나라에서는 5층 이상의 공동주택을 아파트라고 하고, 4층 이하는 연립주택이라고 한다.

 고대 로마 시대에도 4~5층의 공동주택이 있었다고 하지만, 공동주택은 산업 혁명 이후 영국에서 노동자들의 주거로 이용되면서 일반화되기 시작했다. 우리나라에 처음으로 아파트가 지어진 것은 일제강점기(일본 제국이 우리나라를 강제로 점령한 시기)였다. 해방 이후 1960년대에 마포 아파트가 건축되어 성공을 거둔 후, 아파트 건축은 급격히 증가하여 1970년대부터 서울 강남 반포동의 주공아파트를 비롯하여 전국 대도시에 아파트 단지가 만들어지기 시작했다.

 통계청의 인구주택총조사 결과에 따르면 1980년에는 단독주택에 사는 가구의 비율이 89%였으나 2005년에는 44%로 줄어들었다. 대신 아파트와 연립 및 다세대주택 등 공동주택에 사는 가구의 비율은 1980년 8%에서 2005년 53%로 늘어났다.

세계경제가 꼬물꼬물

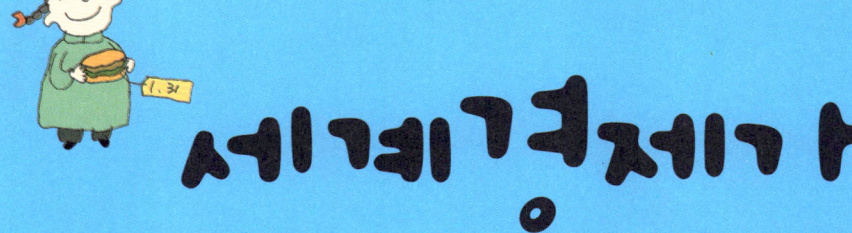

9. 후추가 농민들을 울게 만들었다고?
10. 미국과 중국이 싸우면 우리 기업이 좋아한다고?
11. 유로화가 제2의 대한민국을 만든다고?

9. 후추가 농민들을 울게 만들었다고?

수입 농산물 때문에 농민들이 울고 있다

최근 들어 값싼 농산물들이 많이 밀려오고 있다. 엄마는 가격이 싸 생활비가 적게 든다고 좋아하지만, 밀려 들어오는 값싼 수입 농산물 때문에 농민들은 울상이 되었다.

밀려드는 외국 농산물 때문에 시장에서 우리 농산물을 찾기가 힘들어지고 있다. 값싼 수입 농산물 때문에 생활비가 적게 든다고 주부들이 좋아하면서도 가끔 '우리 몸에는 우리 땅에서 나는 농산물이 좋은데……' 하면서 말끝을 흐리는 것을 보면 마냥 좋기만 한 건 아닌 듯하다. 값싼 수입 농산물이 늘어나면서 우리 농민들의 마음은 타들어 가고 있다. 농사를 지어서 먹고사는 게 힘들어진다고 외친다. 농산물 수입에 반대한다고 목소리를 높여 보지만 시간이 갈수록 수입되는 농산물의 양은 늘어만 가고 있다.

우리가 수입하는 주요 품목 가운데 먹을거리와 관련된 자료를 살펴보면

1970년에는 곡물이 2위를 차지했고, 1990년에는 축산물이 5위를 차지했다. 최근 먹을거리가 주요 수입 품목으로 들어가지 않는 이유는 수입량이 줄어서가 아니라 우리나라 무역량이 늘어서 총수입 금액이 커지게 되어 수입에서 차지하는 비율이 낮아졌기 때문이다. 그래서 주요 수입 품목에 먹을거리가 들어가지 않았을 뿐이지, 우리의 식량 자급률은 점점 낮아지고 있다. 무역이란 나라와 나라 사이에 물품을 사고파는 일을 말하며, 식량 자급률이란 한 나라의 식량 공급량 가운데 자기 나라 안에서 생산되어 공급되는 정도를 나타내는 지표이다. 우리나라 식량 자급률은 1965년에는 90%를 넘었는데 1985년에는 50% 밑으로 떨어졌고, 1996년 이후부터 고작 27% 정도에 머물고 있다. 그러면 왜 식량 자급률이 이렇게 떨어지는 것일까? 식량 자급률이 높으면 농민들이 어려움을 겪지 않을 텐데.

식량 자급률이 떨어지는 것은
무역을 통해 값싼 농산물이 들어오기 때문이다

우리 식탁 위에 무역을 통해 밀려 들어오는 수입 먹을거리가 넘쳐난다. 값싼 수입 먹을거리 때문에 우리 농촌의 경쟁력이 떨어지고, 그 때문에 농사짓는 사람이 점점 줄어들고 있다.

지난 1965년도에 식량 자급률이 90%가 넘었는데 왜 최근 10여 년 전부터 식량 자급률이 27%에 불과할 정도로 줄어들었을까? 우리나라 땅이 갑자기 줄어들어서 농사지을 땅이 모자란 것도 아니고, 인구가 너무 줄어서 농사지을 사람이 모자란 것도 아닌데 말이다. 그것은 바로 수입 농산물이 너무 많이 들어오기 때문이다. 값싼 수입 농산물이 늘어나면서 우리나라 토종 제품의 가격 경쟁력이 떨어지게 되고, 농사를 지어서 먹고살기가 점점 힘들어진 농민들은 결국 농업을 포기하게 되는 결과를 낳게 되었다. 농사를 생업으로 삼던 대부분의 농민들은 농업을 포기하거나, 계속한다고 해도 값싼 수입 농

산물이 밀려 들어오니까 어려움을 겪고 있는 것이다.

그러면 우리 농민들이 이렇게 어려움을 겪고 있는데 정부에서는 왜 대책을 세워 주지 않는 것일까? 밀려 들어오는 수입 농산물을 막아 준다면 문제가 해결될 텐데 말이다. 하지만 생각처럼 그렇게 쉽지가 않다. 무역을 하기 위해서는 무역에 관한 협정을 따라야 하고, 우리나라의 주요 수출품인 공산품을 많이 수출하기 위해서는 다른 나라로부터 그 나라의 주요 특산물을 수입해야 하기 때문이다.

1947년 미국을 비롯한 23개 나라들이 국제 무역을 늘리기 위해 관세와 무역에 대한 제한을 없애자는 협정을 맺었는데, 이 협정이 바로 '관세 및 무역에 관한 일반 협정(GATT)'이다. 가트에 의해 유지되던 세계 무역의 질서는 전 세계적으로 그 영향력이 엄청나게 커진 미국에 의해 또 한 번 변화하게 되었다.

1980년대 국내 산업의 중심이 제품을 만들어 내는 제조업에서 통신, 금융, 관광과 같은 서비스산업 쪽으로 옮겨 가게 된 미국이 무역 시장의 변화를 원했기 때문이다. 세계경제를 움직이는 힘을 계속 지켜 나가려면 미국이 다른 나라에 비해 유리한 분야인 농업과 서비스산업 시장이 열려 있어야 한다고 생각했다. 그래서 1986년 우루과이에서 열린 가트 회의에서 새로운 내용의 무역 협상을 시작했다. 하지만 나라마다 생각이 달라서 오랫동안 의견만 주고받다가, 1994년에 123개 나라가 드디어 합의를 보게 된다. 이를 '우루과이라운드'라고 부른다.

우루과이라운드에 따라 1995년에 설립된 세계무역기구(WTO)는 나라들 사이에 경제 문제나 그와 관련한 다툼이 생겼을 때 이를 따져 보고 판결하는 힘을 가지게 되었다. 예를 들어 어느 나라가 수입을 막으려고 지나치게 높은 관세(수입하는 물건에 붙이는 세금)를 매기면 이를 내려야 한다고 요구하고, 다른 나라 시장을 송두리째 차지하기 위해 가격을 지나치게 싸게 매겨서 헐값으로 팔아 넘기는 덤핑에 대해서도 간섭한다. 눈에 보이는 물건뿐 아니라 서비스나 지적재산권과 같은 분야에 대해서도 자유롭게 거래하라고 권한다.

이 협정 덕분에 우리나라는 더욱 넓은 시장에다 공산품을 수출할 수 있게 되었다. 공산품 수출은 유리해졌다. 하지만 농산물 시장을 내주어야 하는 농민들은 날벼락을 맞은 셈이었다. 그러면 이렇게 서로 다른 나라 간의 무역은 어떤 계기를 통해 활기차게 이루어지게 된 것일까?

요즘 우리나라의 무역은?

WTO(세계무역기구)에서 발표한 2005년 세계 무역 통계에 따르면 전 세계 수출 금액은 10조 1,210억 달러였고 수입 금액은 10조 4,810억 달러였다. 우리나라의 무역량은 세계 무역의 2.6%인 5,456억 달러로 세계 12위였다. 수출은 세계 수출의 2.8%인 2,844억 달러로 세계 12위, 수입은 세계 수입의 2.5%인 2,612억 달러로 세계 13위를 차지했다.

한 나라에서 주로 수출하는 품목을 살펴보면 그 나라의 산업화나 경제 성장의 정도를 알 수 있다. 가난한 나라는 돈이 없으니까 많은 공장을 세울 수 없고, 좋은 상품을 만들 수 있는 기술력도 갖추지 못해서 대부분 천연자원이나 농수산물을 수출한다. 경제가 발전하면 기술 수준이 높아져서 예전에는 만들 수 없었던 부가가치가 높은 품목의 수출이 늘어나게 된다.

우리나라 주요 수출 품목의 변화를 살펴보면 우리나라의 산업화나 경제 성장이 매우 빠르게 이루어졌다는 것을 알 수 있다. 1970년에는 섬유류, 합판, 가발 등을 많이 수출했다. 그런데 최근에는 만드는 데 높은 기술력이 필요한 반도체, 자동차, 무선 통신기기, 컴퓨터와 선박 등이 우리의 주요 수출 품목이다.

산업의 발달과 함께 주요 수출 품목이 달라지듯이 수입 품목도 변하게 된다. 1970년대 수입 품목 1위는 일반 기계, 2위는 곡물, 3위는 운반용 기기였다. 그런데 1970년대 중반, 중동 석유 수출국들이 석유 무기화를 내세운 이후 우리나라 수입 품목 1위는 거의 원유가 차지하고 있다.

새로운 뱃길은 무역을 활발하게 만들었다

15세기 말 무역권을 먼저 차지하려는 포르투갈과 에스파냐가 벌인 경쟁의 결과로 새로운 뱃길이 열리자 무역은 더욱 활발해졌다.

바다를 통한 무역은 처음에는 바람의 힘으로 가는 돛단배로 이루어졌다. 그래서 인도에서 서방으로 물건이 전해지기까지 여러 사람의 손을 거쳐야 했다. 그러나 나침반의 발견과 배를 만드는 기술이 발달하게 되자 멀리 떨어져 있는 나라끼리도 직접 거래할 수 있다는 생각을 하게 되었다. 15세기 말 세계는 새로운 뱃길을 개척하여 무역권을 먼저 차지하려는 포르투갈과 에스파냐(스페인)의 경쟁으로 엄청난 발전을 이룩했다고 해도 지나친 말이 아니다. 새로운 대륙이 발견되고, 새로운 뱃길을 통해 동서양의 무역과 교류가 활발해졌다. 따지고 보면 콜럼버스의 아메리카 대륙 발견이나 마젤란의 세계 일주도 무역권을 먼저 차지하려고 포르투갈과 에스파냐가 경쟁을 하면서 이루어진 일이었다.

　이전까지는 비단길, 즉 실크로드라는 중앙아시아를 동서로 가로지르는 고대의 교통로를 통해 동서양의 교류가 이루어졌다. 이 길을 통해 고대 중국의 특산물인 비단이 서방으로 옮겨졌기 때문에 비단길이라고 부른다. 반대로 서방에서 중국으로는 이 길을 거쳐 옥이나 보석, 유리 제품 등이 들어왔다. 길이 험하고 물건을 실어 나르는 장비가 형편없어서 위험하고 힘이 들었지만 옛날에도 무역은 심심치 않게 이루어졌다. 잘하면 큰 돈벌이가 되었기 때문이다.

　우리나라에도 자랑스러운 무역의 선구자가 있다. 신라 시대 장보고는 지금으로 말하면 무역업자였다. 동북아시아의 바다를 지배하여 무역권을 손에

9. 후추가 농민들을 울게 만들었다고? 165

넣고 청해진이라는 곳에 무역 왕국을 세웠다. 1,200년 전 사람이었던 그는 멀리 아라비아에까지 이름이 알려질 정도로 유명했다.

　이렇게 고대로부터 무역은 부와 명예를 안겨주었다. 특히 15세기부터 시작된 포르투갈과 에스파냐의 무역 전쟁은 개인의 부와 국가 간의 명예와 경쟁심까지 더해져 치열하게 이루어졌다. 이러한 경쟁의 결과로 열리게 된 새로운 뱃길로 세계는 더욱 가까워져서, 서로 다른 나라 간의 무역이 활발하게 이루어지는 계기가 되었다.

　그러면 그 당시 포르투갈과 에스파냐는 어떤 상품을 두고 무역 경쟁을 벌였을까? 옛날부터 인류에게 가장 소중한 가치를 가지고 있던 황금을 위해서일까, 아니면 황금이나 보석보다 더 소중한 것을 위해서였을까?

무역을 하는 이유

첫째, 나라마다 기후나 자연 조건이 다르기 때문이다. 우리나라에서는 원유가 전혀 생산되지 않는다. 이렇게 자기 나라에서 생산되지 않는 것들은 수입해야 한다. 그런가 하면 밀이나 바나나처럼 우리나라에서 생산할 수 있어도 다른 나라에서 사 오는 경우가 있다. 이런 식물이 자라는 데 알맞은 기후가 아니라서 직접 기르기보다는 운송료나 보험료를 들이더라도 수입하는 것이 오히려 싸기 때문이다.

둘째, 나라마다 기술력이나 산업화 수준이 다르기 때문이다. 비행기나 선박은 매우 높은 수준의 기술력을 가진 나라만이 만들어 낼 수 있다. 그래서 기술력이 떨어지는 나라는 이런 물건을 만들지 못하고 수입한다.

셋째, 공산품의 경우에도 직접 만드는 것보다 수입품이 싼 경우에는 수입한다. 전자 제품은 한 나라에서 여러 가지 물건을 만드는 것보다 전문화된 몇몇 상품을 만들어 수출하고, 다른 것들은 수입하는 것이 유리한 경우가 많다. 선진국은 물론 전자계산기나 선풍기와 같은 소형 가전제품을 만들 수 있다. 하지만 선진국 사람들은 임금 수준이 높다. 임금이 높으면 물건을 만드는 데 들어가는 비용이 많아지므로 자기 나라에서 만든 물건보다 중국처럼 임금이 낮은 나라에서 수입한 제품이 싼 경우가 대부분이다. 그래서 세계 여러 나라들은 다른 나라에 비해 낮은 가격으로 만들 수 있는 제품은 수출하고, 자기 나라에서 만들 수 없거나 직접 만드는 것이 더 비싼 제품은 수입한다.

후추가 새로운 뱃길을 열었다

15세기 콜럼버스는 황금의 열매인 후추를 찾아 인도로 가는 탐험 길에 올랐다.

1492년 8월 3일 에스파냐 깃발을 단 3척의 배가 90명의 승무원을 태우고 팔로스 항을 떠났다. 이들은 서쪽으로 항해를 계속하여 70일 후, 지금의 바하마 군도 어느 섬에 도착했다. 역사는 이 일을 콜럼버스의 아메리카 대륙 발견이라고 적고 있다. 아메리카 대륙의 원주민을 인디언이라 부르고, 그가 도착한 최초의 섬이 있는 지역을 서인도제도라고 한다. 하필이면 왜 이렇게 부르게 된 걸까? 콜럼버스가 위험을 무릅쓰고 가려고 했던 목적지를 알게 되면 그 이유를 쉽게 이해할 수 있다. 콜럼버스가 가고자 했던 목적지가 바로 인도이기 때문이다.

15세기 포르투갈과 에스파냐의 왕들은 새로운 뱃길에 관심이 많았다. 그래서 그들은 새로운 뱃길을 찾으려는 탐험가들을 적극적으로 도와주었다. 그때는 인도에 가려면 아프리카를 돌아서 가야 한다고 생각했다.

포르투갈이 아프리카까지 가는 새로운 뱃길 발견에서 앞서가자 에스파냐 여왕은 약이 올라 어쩔 줄을 몰랐다. 이때 콜럼버스가 에스파냐 여왕에게 지구는 둥글기 때문에 서쪽으로 가면 아프리카로 돌아가는 것보다 더 빨리 인도에 갈 수 있다고 말했다. 에스파냐 여왕의 도움을 얻어 낸 콜럼버스는 인도로 가기 위한 항해를 계속했다. 드디어 한 섬이 보이자 그는 마침내 인도 근처까지 왔다고 생각했다. 그때는 아메리카 대륙이 유럽과 아시아 사이에 있다는 것을 아는 사람은 아무도 없었다. 그래서 그는 죽을 때까지 자신이 도착했던 곳이 인도나 중국, 일본 근처에 있는 섬이라고 생각했다.

그런데 왜 콜럼버스는 고생을 무릅쓰고 인도로 가는 새로운 뱃길을 찾으려고 했을까? 바로 후추 때문이었다.

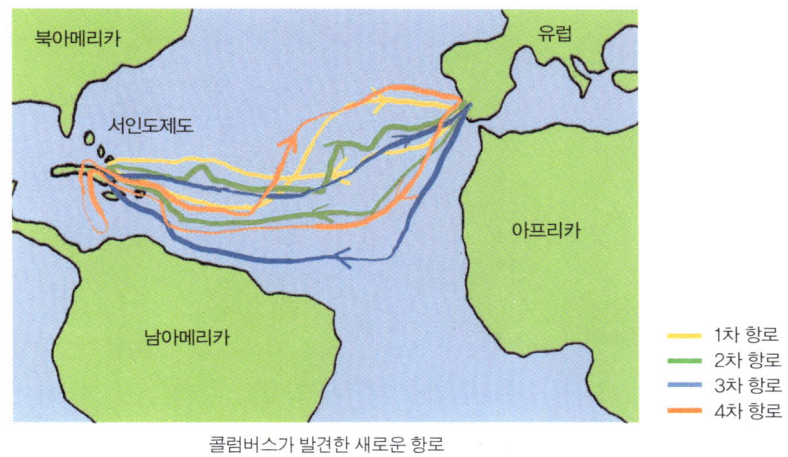

콜럼버스가 발견한 새로운 항로

유럽 사람들은 빵과 고기를 주로 먹는다. 주로 먹는 고기의 누린내를 없애고 맛있게 먹으려면 향신료가 필요하다. 15세기에는 향신료 중에서 후추의 인기가 최고였다. 지금은 2,000원 정도로 후추 한 통을 살 수 있다. 하지만 인도에서만 구할 수 있었던 후추를 유럽의 식탁 위에 올리려면 아주 힘든 과정을 거쳐야 했던 그 시절에는 후춧가루 가격이 금가루 가격과 맞먹을 정도로 비쌌다. 또 중간상인이었던 이슬람 상인이나 이탈리아 상인들의 횡포도 말할 수 없이 심했다. 그래서 중간상인을 거치지 않고 인도에서 직접 후추를 가져오면 금덩이를 들고 오는 것과 마찬가지였다.

콜럼버스의 뒤를 이어 역사에 길이 남는 항해를 한 사람은 마젤란이었다. 1519년 8월 10일, 마젤란은 돛단배 5척에 승무원 265명을 태우고 에스파냐

의 세비야 항을 출발했다. 그는 콜럼버스가 항해하면서 기록해 둔 항해일지를 보면서 향료가 많이 나는 몰루카 제도(향료 제도)를 찾아 서쪽으로 배를 타고 나아갔다. 12월 중순에 브라질 리우데자네이루에 닿았으며, 다음 해 1월 라플라타 강에 도착하였고, 11월 28일에는 마젤란 해협을 빠져나가 태평양으로 나가게 되었다.

3개월이 넘도록 작은 섬 하나 찾을 수 없이 드넓은 바다에서 항해를 계속했다. 드디어 1521년 3월 6일 괌 섬에 도착했고, 이후 필리핀 군도 레이테 만의 즈르안 섬을 거쳐 4월에 세부 섬에 도착했다. 그러나 그는 막탄 섬에서 원주민들과 싸우다가 죽게 된다.

살아남은 사람들은 다시 배에 올랐고 할마헤라 섬에 들러 향료를 가득 실은 후 1522년 9월 8일 세비야 항으로 돌아왔다. 살아 돌아온 사람들은 겨우 16명이었다. 3년이 넘게 걸렸던 역사상 최초의 세계 일주는 이렇게 이루어졌다. 하지만 탐험을 시작한 이유는 세계 일주가 아니라 새로운 뱃길을 열기 위해서였다는 것이 더 맞는 표현일지도 모른다.

꼬물꼬물 박사님의 마무리

 콜럼버스의 신대륙 발견이나 마젤란의 세계 일주 등 역사적인 탐험으로 새로운 뱃길이 알려지게 되었어. 그런데 이런 탐험은 후추를 비롯한 동양의 향신료 무역권을 먼저 차지하려고 포르투갈과 에스파냐가 경쟁을 벌이면서 시작되었단다. 결국 후추가 새로운 뱃길을 열게 해 준 셈이지. 새로운 뱃길이 발견되고 항해술과 배를 만드는 기술이 발달하게 되자 바다를 통한 무역이 활발해지게 되었어.

 교통과 통신의 발달로 20세기 후반부터는 세계가 하나의 시장이라고 할 만큼 무역량이 늘어났어. 더구나 1994년에 맺어진 우루과이라운드로 상품뿐만 아니라 서비스산업에 있어서도 자유로운 교류를 피할 수 없게 되었지. 우리나라 공산품 수출 시장은 더 넓어졌지만 반대로 농산물 시장은 오히려 내주게 되었단다. 그래서 값싼 수입 농산물이 밀려 들어오고 있어. 값싼 수입 농산물 때문에 국내 시장마저 잃어버리게 된 농민들은 불만이 많지만 별다른 방법이 없으니 울음을 터트릴 수밖에. 그러니까 농민들을 울게 만든 원인이 거슬러 올라가 보면 후추라는 거야.

Made in Korea, 정말 대단해요
(메이드 인 코리아)

다음 문제의 답 안에 숨어 있는 뛰어난 우리 제품들을 찾아보세요.

1. 오토바이를 탈 때는 안전을 위해서 반드시 나를 머리에 써야 해요.

2. 나는 1992년부터 우리나라 수출품 1위를 차지하고 있어요. 1994년 세계 최초로 256MD램이 개발되어 우리 첨단 기술에 세계가 놀랐죠.

3. 내가 없으면 아무리 뛰어난 낚시꾼이라도 물고기를 잡을 수 없을 거예요.

4. 초등학생들이 어린이날 제일 받고 싶은 선물이 바로 나라고 합니다. 세련된 디자인과 다양한 기능, 화려한 음향으로 세계적인 명품이라는 칭찬을 받고 있어요.

5. 내가 없었다면 올림픽에서 딴 우리 금메달 수가 많이 줄었을 거예요. 나를 가지고 경기를 할 때는 정신 집중이 무엇보다 중요하다고 합니다.

6. 나는 작고 평범한 상품이지만 세계 시장을 평정했답니다. 내가 없으면 손톱을 단정하게 유지하기가 힘들죠.

답: 1. 오토바이용 헬멧 2. 반도체 3. 낚시대 4. 휴대전화기 5. 양궁용 활과 화살 6. 손톱깎이

9. 후추가 농민들을 울게 만들었다고?

10. 미국과 중국이 싸우면 우리 기업이 좋아한다고?

미국과 중국이 싸움을 벌인다

세계에서 가장 경제력이 막강한 나라 미국이 새로운 별로 떠오르는 중국을 못마땅하게 여기고 자꾸 싸움을 걸고 있다.

'메이드 인 차이나(Made in China)'

옷 가게의 옷은 물론, 문구점의 문구류, 시장에서 파는 많은 물건들에 이처럼 표시되어 있는 것이 많다. 이 표시는 '중국에서 만든 상품'이라는 뜻이다. 중국에서 수입된 제품은 대부분 우리나라에서 만든 상품보다 값이 싸다. 우리 주위에서 중국산 물건을 많이 볼 수 있는 것으로 보아 우리나라에도 이미 중국에서 만든 공산품이나 식품들이 많이 수입되고 있다는 것을 알 수

우리나라에 들어온 중국 물건

있다. 이처럼 중국의 값싼 상품은 우리나라뿐 아니라 세계의 초강대국 미국에도 많은 양이 수출되고 있어 미국이 중국을 못마땅하게 여기고 있다고 한다. 자세한 걸 알아보기 전에 먼저 미국과 중국 두 나라를 한번 비교해 보자.

미국은 우리나라보다 95배 넓은 면적인 952만km²의 국토에 2억 9,000만 명(2005년)이 살고 있고, 세계 제2의 농업 생산국인데다 풍부한 지하자원을 일찍부터 개발하여 공업화를 이룩한 선진 공업국이다. 미국의 국내 총 생산량은 세계경제의 거의 30%를 차지하고 있다. 그래서 미국 경제가 가벼운 기침을 하면 다른 나라 경제는 독감에 걸릴 정도로 경제력이 막강하다고 한다.

한편 중국은 미국과 비슷한 면적인 958만km²에 13억 명(2005년)이 살고 있는 나라이다. 중국은 경제 활동을 개인이 아닌 사회가 중심이 되어 이끄는 사회주의 국가로 한동안 다른 나라와 교류가 없었다. 그러나 1981년부터 경제정책이 바뀌어 다른 나라와 무역을 시작했다. 세계 각국의 기업은 중국의

값싼 노동력과 거대한 시장에 매력을 느끼고 앞 다투어 중국에 공장을 지었다. 그래서 중국은 이제 세계의 공장이 되었고, 세계경제에 대한 영향력 또한 날로 커지고 있다.

하지만 중국과 미국의 국민들의 생활수준 차이는 엄청나다. 세계은행의 발표에 따르면 2005년 미국의 국민 한 명이 벌어들이는 돈(1인당 국민소득)은 43,740달러, 중국 국민 한 명이 벌어들이는 돈은 1,740달러였다. 미국은 세계적인 부자들의 나라요, 중국은 아직 가난한 사람들의 나라이다.

그런데 이미 엄청난 경제력을 자랑하는 미국이 값싼 중국산의 수입을 제한한다고 한다. 이 밖에도 중국산 상품들 때문에 미국인의 실업이 증가하고 있다는 등 중국의 수출에 대해 심심치 않게 시비를 걸고 있다. 중국에 대해 미국이 자꾸만 불편한 마음을 드러내는 근본적인 이유는 무엇일까?

싸움의 원인은 미국의 무역 적자 때문이다

미국은 중국산 섬유 수입의 증가가 무역 적자를 만들어 낸다고 생각하고 여러 가지 제한을 가하기 시작했다. 이에 중국은 강력히 반발했고, 두 나라 사이의 섬유 무역 전쟁에 불이 붙었다.

2005년 5월 미국은 중국산 의류 중 4개 품목에 대해서는 미국이 정한 물량만큼만 수입하고, 그 이상은 수입하지 않겠다고 발표했다. 이에 대해 중국은 미국인들이 값싼 중국산 제품을 사게 되면 생활비가 줄어들어 오히려 미국 소비자들이 혜택을 받는다며 미국의 발표에 강력히 반발했다. 그래서 두 나라 사이의 무역마찰은 다시 불이 붙었다.

세계에서 가장 큰 경제 대국인 미국이 값싼 중국의 의류를 가지고 시비를 거는 이유는 무엇일까? 바로 미국의 무역 적자 때문이다. 얼핏 생각하면 미국은 세계 최고의 기술력을 자랑하는 나라여서 세계가 그들의 시장일 것 같지만 사실은 정반대다. 미국은 높은 기술력을 바탕으로 품질이 뛰어난 제품을 만들 수 있지만 값이 비싸서 수출량이 그리 많지 않다. 또한 비싼 임금을 주고 미국 내에서 물건을 만드는 대신 다른 나라에서 값싼 물건들을 수입하는 것이 남는 장사가 되어 버렸다. 그러다 보니 미국은 수출보다 수입이 많은 세계 최대의 무역수지 적자국이 되어 버렸다. 국제금융 기구인 국제통화기금(IMF)의 발표에 따르면 2005년 미국이 수출로 벌어들인 돈은 9,043억 달러, 수입은 17,325억 달러로 무역수지 적자는 8,282억 달러였다. 2005년 우리나라 총 수출액이 2,844억 달러였음을 보면 미국의 무역수지 적자가 얼마나 어마어마한지 짐작이 된다.

아무리 경제력이 막강한 미국이라도 계속 수입량이 수출량보다 많으면 문제가 생기기 마련이다. 사람들은 직장을 잃게 되어 실업자가 많이 생기고, 이에 따라 투자가 줄어들어 마침내는 국가 경제 전체가 흔들릴 수 있다. 그래서 미국은 중국산 섬유 수입의 증가가 무역 적자를 만들어 내는 근본 원인이라고 생각하고 2005년 5월 중국산 면 셔츠, 바지, 속옷 등 3개 품목의 수입을 지난해보다 7.5% 증가만을 허용했다. 또 4개 품목에 대해서는 미국이 정한 물량만큼만 수입하고, 그 이상은 수입하지 않겠다는 '의류 수입 쿼터제'를 선언했던 것이다.

과연 미국의 무역수지 적자는 의류 수입 쿼터제처럼 미국 안에서의 정책만 실현된다면 해결될까? 다른 방법이 또 있을까?

국제수지는 무엇일까?

　무역을 하면 우리나라로 돈이 들어오기도 하고 나가기도 한다. 상품을 수출하면 우리나라로 돈이 들어오고 수입하면 돈이 나가게 된다. 우리가 해외여행을 하거나 외국인이 우리나라에 여행을 오는 경우에도 마찬가지이다. 우리가 외국에 가서 돈을 쓰면 돈이 나가는 셈이 되고 외국인이 우리나라에서 호텔 요금을 내거나 물건을 사고 돈을 내면 돈이 들어오게 된다. 이렇게 일정 기간 동안 자기 나라와 다른 나라 사이에 생긴 돈 거래를 모두 합한 결과표를 국제수지라고 한다.
　다른 나라와의 돈 거래는 크게 상품이나 서비스를 사고파는 경상거래와 돈을 빌리거나 빌려 주는 자본거래로 나누어진다. 그래서 국제수지도 거래의 내용에 따라 크게 경상수지와 자본수지로 구분한다.

　경상수지 중에서는 상품 수지가 차지하는 부분이 가장 크고 다음이 서비스 수지다.
　상품 수지는 상품 무역으로 들어오고 나가는 돈을 계산한 결과인데 무역수지라고도 한다. 수출이 수입보다 많아서 벌어들인 돈이 더 많으면 상품수지가 흑자이고, 반대인 경우는 적자이다.
　서비스 수지는 다른 나라와의 서비스 거래에서 생긴 돈의 차이다. 배나 비행기로 물건을 실어 나르고 받은 운임이나 관광객이 쓴 여행 경비 등이 서비스 수지에 들어간다.
　어떤 정해진 기간 동안에 한 나라에 들어오는 돈과 나가는 돈을 모두 계산해 보면 항상 차이가 생기기 마련이다. 국제 거래는 주로 달러와 같은 외화로 하는데, 들어온 외화가 밖으로 나간 외화보다 많으면 국제수지가 흑자이고, 반대로 되면 국제수지는 적자이다.

미국의 무역 적자를 줄이기 위해서
위안화의 가치를 올려라

미국은 중국 무역에서 적자 문제가 나올 때마다 위안화의 가치를 올리라고 요구한다.

    미국은 중국 무역에서 적자 문제가 나올 때마다 중국 돈인 위안화의 가치를 올리라고 요구한다. 이 말은 1달러와 바꾸게 되는 위안화의 환율을 내리라는 뜻이다. 이게 무슨 말일까?
    우선 환율이 무엇인지에 대해서부터 알아보기로 하자.
    대부분의 경우 나라마다 사용하는 돈이 다르다. 우리나라에서는 원화, 미국에서는 달러화, 중국에서는 위안화, 영국에서는 파운드화, 일본에서는 엔화를 사용한다. 유럽에서는 2005년 현재 12개 나라에서 유로화를 쓰고 있다.
    환율이란 이처럼 서로 다른 나라의 돈을 바꾸는 비율을 일컫는 말이다. 예를 들어 환율이 1,000원이라고 하면 미국 돈 1달러를 바꾸기 위해서는 우리나

라 돈 1,000원이 필요하다는 뜻이다. 이를 수식으로는 US$1.00=KRW1,000이라고 나타낸다.

환율과 돈의 가치에는 어떤 관계가 있는지 알아보기로 하자.

달러에 대한 원화의 환율이 내려가면 우리 돈의 가치가 더 올라갔다고 한다. 1달러가 1,000원에서 900원이 되었다고 하면 1달러를 바꾸는 데 필요한 우리 돈이 100원 덜 필요하게 되었으므로 우리 돈의 가치가 올라간 것이다. 이런 경우 우리 돈의 힘이 강해진 것이므로 '원화가 평가절상되었다'고 한다.

반대로 달러에 대한 원화의 환율이 올라가면 우리 돈의 가치가 더 떨어졌다고 한다. 1달러가 1,000원에서 1,100원이 되었다고 하면 1달러를 바꾸는 데 필요한 우리 돈이 100원 더 필요하게 되었으므로 가치가 떨어진 것이다. 이런 경우 우리 돈의 힘이 약해진 것이므로 '원화가 평가절하되었다'고 한다.

2006년 6월 말 현재 위안화 환율은 1달러에 8.0위안이었다. 즉 미국 돈 1달러는 중국 돈 8위안과 가치가 같다는 뜻이다. 그런데 중국 돈의 가치가 높아져서 미국 돈 1달러를 바꾸는 데 중국 돈 7위안이 필요하게 된다면 위안화 환율은 7.0위안이 된다.

그렇다면 위안화의 가치를 올려 환율을 내리면 왜 미국의 무역 적자가 줄어들까?

예를 들어 중국에서 미국으로 한 벌에 10달러를 받고 수출하는 바지가 있다고 하자. 1달러당 위안화의 환율이 8.0위안이면 중국 돈으로 80위안을 받는 셈이다. 그런데 환율이 7위안이 되면 70위안만 받을 수 있다. 바지 한 벌에 75위안은 받아야 이윤이 남는데 70위안이 되면 한 벌에 5위안씩 손해를 보게 된다. 그러니까 바지 회사는 환율이 7.5위안 아래로 내려가서 이윤이 남지 않으면 수출을 중단하려고 할 것이다. 마찬가지로 다른 회사들도 환율이 내려가서 이윤이 없다면 수출을 하려고 들지 않는다.

그러니까 위안화의 가치가 올라 환율이 내려가면 중국의 수출은 줄어들게 된다. 자연히 미국으로 수출하는 양도 줄어들 것이고, 미국이 중국 무역에서 본 적자는 줄어들게 된다.

그런데 위안화의 가치가 올라가면 우리나라 기업에는 어떤 영향을 미치게 될까?

위안화 가치가 오르면
우리나라 기업이 웃는다

위안화가 평가절상되면 자동차와 전자 제품 등 우리나라 주력 기업의 수출이 늘어나게 된다. 중국인들이 평소에 갖고 싶어 하던 우리나라 제품을 예전보다 싼 가격으로 살 수 있기 때문이다.

2005년 7월 21일 환율 제도를 바꾼 후 중국 위안화의 평가절상이 계속되고 있다. 중국 경제에 나쁜 영향을 미칠 것을 우려한 중국 정부의 걱정은 점점 커져 가지만 한쪽에서 빙긋이 웃고 있는 사람들이 있다. 바로 우리나라의 수출 기업에서 일하는 사람들이다. 위안화의 가치가 높아지면 상대적으로 우리나라 제품을 살 때 필요한 위안화가 줄어들어 중국 사람들이 생활에 필요한 여러 가지 상품을 수입해서 쓰려고 할 것이다. 자동차, 가전제품, 화장품, 의류 등 중국인들이 전에는 너무 비싸서 살 엄두를 내지 못한 제품들을 막 살 테니 우리나라의 수출은 늘 것이다.

우리 경제 전문가와 한국은행의 보고서에 따르면 위안화가 5% 평가절상되면 우리나라의 중국 수출이 13억 6,000만 달러 증가하고 중국과 경쟁하는 제3국에 대한 우리 수출도 조금이나마 증가하는 효과를 볼 수 있다고 한다. 만약 중국 위안화가 10% 오르면 우리 수출은 24억 달러가 증가하지만 수입 증가는 4억 달러에 그쳐 약 20억 달러의 무역수지 흑자를 키우는 효과가 있다고 한다.

자, 이제는 왜 중국과 미국이 서로 힘들여 싸울 때 우리나라 기업이 한쪽에서 빙긋이 웃고 있는지 알 수 있을 것이다. 하지만 좋은 점이 있으면 항상 나쁜 점도 덩달아 생긴다는 것을 생각해야 한다. 만약 위안화의 가치가 지나치게 빨리 올라가서 중국 경제가 어려워지면 중국과 경제적으로 밀접한 관계가 있는 우리나라와 일본의 경제도 멀리 내다보면 같이 어려워질 수 있다. 또한 중국에 공업 생산의 원료가 되는 기본 재료인 원자재나 중간재를 수출하는 기업은 중국의 수출이 줄어드는 데 따라 수출에 타격을 입을 수 있다. 왜냐하면 중국에서 우리 원자재를 가공하여 수출하는 일이 줄면 당연히 중국이 우리나라에서 사 가는 원자재의 수입이 줄기 때문이다.

빅맥 지수가 뭘까?

중국   한국   미국

세계 각국의 물가와 환율이 적절하게 평가되었는지를 판단하는 기준으로 '빅맥 지수'라는 것이 있다. 빅맥은 세계적인 패스트푸드 업체인 맥도날드에서 판매하는 햄버거의 이름인데 세계 어느 곳에서나 같은 재료와 품질, 크기로 판매되고 있다. 따라서 세계 어디서나 같은 가격으로 판매되어야 할 것이다.

이 점을 눈여겨본 영국의 시사 경제 주간지 〈이코노미스트〉는 1986년에 세계 각국의 맥도날드 체인점에서 판매하는 빅맥 가격을 서로 비교하는 지표인 빅맥 지수를 만들었다. 그리고 여러 나라의 환율이 제대로 평가되어 있는지를 알아보기 위해 빅맥 지수를 정기적으로 발표하고 있다.

매장 임대료나 직원에 대한 임금 등 햄버거 원가가 서로 다른데 단순한 가격 비교로 환율 수준을 평가한다는 것은 잘못이라는 지적도 있다. 하지만 빅맥 지수는 여전히 각국의 물가수준이나 환율을 말할 때 사람들이 관심을 갖는 지수이다.

예를 들어 2006년의 발표에 따르면 미국에서는 빅맥이 3.1달러인데 한국에서는 2,500원으로 2.62달러였다. 즉 한국의 빅맥 가격이 미국에 비해 싸게 나타났으니까 원화는 낮게 평가되어 있다고 본다. 중국의 빅맥은 1.31달러였으니까 빅맥 지수로 따진다면 한국과 마찬가지로 위안화도 낮게 평가되어 있다고 본다.

만약 미국의 지속적인 압력으로 중국이 위안화를 계속 평가절상한다면 달러로 환산한 중국 햄버거의 가격은 올라가게 될 것이다.

꼬물꼬물 박사님의 마무리

    이제 미국과 중국이 싸우면 우리나라 기업이 좋아하는 이유를 알겠지?

    미국은 중국과 무역을 하면서 적자가 늘어나니까 기분이 자꾸 언짢아지고 있어. 그래서 미국에 대한 중국의 수출을 줄이려고 자꾸 중국 돈인 위안화를 평가절상하라고 시비를 건단다. 2005년 7월 21일 중국은 이러한 압력을 견디지 못하고 위안화를 평가절상한다고 발표했어. 그러나 절상 폭이 만족할 만한 수준이 아니어서 미국은 무역 적자로 기분이 언짢아질 때마다 위안화의 가치를 올리라고 계속 압력을 넣을 거야. 위안화가 자꾸 평가절상되면 우리나라 기업들에게 점점 유리해진단다. 하지만 우리나라 경제는 중국과 밀접한 관계를 맺고 있으니까 중국 경제가 너무 어려워질 경우 우리나라도 같이 어려워질 수 있어. 그러니까 미국이 너무 무리하게 중국에 압력을 넣어서는 곤란하겠지? 근데 이번에 우리 가족 중국 여행은 다시 생각해 봐야겠어. 여행 경비가 처음에 계획한 것보다 훨씬 더 많이 들게 생겼는데 어떻게 중국 여행을 가겠어? 가까운 서해안 펜션을 알아보자고. 우리나라부터 제대로 알고 해외여행을 가야 될 거 아냐?

꼬불이, 은행에서 달러를 사다

꼬불이: 어학연수 가는 사촌 언니에게 주고 싶은데 10달러도 살 수 있어요?

은행원: 그럼, 10달러면 9,700원이 필요한데.

꼬불이: 만 원 드릴 테니까 거스름돈을 주세요. 그런데 제가 은행에 10달러를 팔 때도 9,700원을 받게 되나요?

은행원: '고객 살 때'와 '고객 팔 때' 환율은 서로 다르단다. 그래야 은행도 이윤이 남거든. 970원은 '고객 살 때' 환율이고, 꼬불이가 10달러를 판다면 '고객 팔 때' 환율에 10을 곱한 돈을 받을 수 있지.

꼬불이: 여기에서는 세계 어느 나라의 돈이든지 사고팔 수 있어요?

은행원: 아니, 세계적으로 널리 쓰이는 나라의 돈만 사고팔 수 있어.

꼬불이: 그럼, 만약 아프리카를 여행하려고 한다면 어떻게 돈을 바꾸어야 하나요?

은행원: 먼저 어느 나라에서나 사고팔 수 있는 미국 달러화나 일본 엔화, 영국 파운드화, 유럽 12개국에서 쓰는 유로화 등으로 바꾸어야지. 그리고 여행하는 나라에 가서 이 돈을 다시 그 나라 돈으로 바꾸어야 해.

꼬불이: 음, 그렇다면 미국이나 일본 사람들은 해외여행을 갈 때 자기 나라 돈을 그냥 들고 나가겠군요. 우리나라도 빨리 경제 대국이 되어야겠어요.

은행원: 그렇지. 우리나라가 세계적인 경제 대국이 된다면 마찬가지가 되겠지.

11. 유로화가 제2의 대한민국을 만든다고?

유럽 12개국의 돈, 유로화

오스트리아, 벨기에, 핀란드, 프랑스, 독일, 아일랜드, 이탈리아, 룩셈부르크, 네덜란드, 포르투갈, 스페인, 그리스 등 유럽 12개 국가에서는 모두 같은 돈인 유로화를 사용한다.

유럽에서는 2002년 1월 1일부터 유럽연합 15개 회원국 가운데 영국, 스웨덴, 덴마크를 제외한 오스트리아, 벨기에, 핀란드, 프랑스, 독일, 아일랜드, 이탈리아, 룩셈부르크, 네덜란드, 포르투갈, 스페인, 그리스 등 12개 나라에서 모두 유로화를 쓰기 시작했다. 2004년 5월, 동유럽 10개 나라가 유럽연합에 더 참여했으니까 앞으로 유로화를 쓰는 나라는 더 늘어날지도 모른다.

지폐의 가장 일반적인 도안은 인물 초상이어서 보통 지폐는 유명한 사람들의 초상화 전시장이다. 그런데 유로화 지폐는 인물 대신 앞면 도안으로는 문이나 창문 같은 건축 양식을 택했고 뒷면에는 다리를 그렸다. 문에는 미래로 나아간다는 뜻이 담겨 있고, 다리는 나라와 나라를 연결한다는 의미이다. 그러나 어떤 건축물과 다리를 택하는가에 대해서는 나라들 간에 의견이 달라서 이미 만들어진 건축물이나 다리를 모델로 사용하지는 않았다. 5유로 지폐는 그리스 로마 양식, 10유로 지폐는 로마네스크 양식, 20유로 지폐는 고딕 양식, 50유로 지폐는 르네상스 양식, 100유로 지폐는 바로크와 로코코 양식의 건축물을 도안으로 채택한 후 도안을 위한 새 그림을 그렸다. 200유로 지폐는 강철과 유리를 사용한 건축물, 500유로 지폐는 20세기 후반 현대 건축물이 도안으로 정해졌다. 그래서 현재 쓰이는 유로화 지폐는 고대부터 현대까지 유럽 건축 양식을 한눈에 볼 수 있는 전시장이라고 할 수 있다.

유럽 건축 문화의 흐름을 나타낸 도안의 아름다움은 하나의 유럽을 나타내는 데 부족함이 없다. 하지만 유로화를 쓰기로 한 나라 사람들은 오랜 기간 동안 자기 나라 화폐 도안이었던 인물, 건축물, 자연경관에 대한 사랑을 쉽게 버릴 수 없었다. 그래서 1, 2, 5, 10, 20, 50센트와 1, 2유로 등 8종의 유로 동전은 각 나라들의 독특한 색채를 담을 수 있게 했다. 모든 유로 동전 뒷면에는 유럽연합을 상징하는 12개의 별과 유럽 지도가 그려져 있다. 그러나 앞면은 12개의 별과 함께 나라별로 원하는 도안

유로화 앞, 뒷면

을 선택할 수 있게 했다.

독일과 프랑스가 택한 도안 중에 독일의 독수리 문장과 브란덴부르크 문, 프랑스의 씨앗을 뿌리는 여자와 마리안(Marianne) 두상은 모두 예전 화폐의 도안 소재였다. 벨기에의 국왕 알베르 2세, 아일랜드의 하프(Harp), 네덜란드의 여왕 베아트릭스 도안도 마찬가지이다. 그러나 그리스, 이탈리아, 오스트리아는 예전 화폐 도안이 아닌 새로운 소재를 택했다. 발행하는 나라에 따라 동전의 앞면 도안은 다르지만 어느 나라 동전이든지 모든 유로 지역 국가에서 사용할 수 있다.

그런데 유럽 12개국에서는 왜 새로운 돈인 유로화를 만들어 함께 사용하기로 했을까?

유로화는 유럽 기업의 국제경쟁력을 높여 준다

유로화 사용으로 유럽 내에서는 서로 다른 통화를 바꿀 때 발생하는 환위험이 없어졌고, 기업 간의 거래에 따르는 비용이 줄어들었다. 이는 유럽 기업의 국제경쟁력을 높이는 데 도움이 된다.

1991년 12월 10일 네덜란드 마스트리히트에서 유럽공동체(EC)에 속한 나라 대통령과 수상들의 만남이 이루어졌다. 이들은 유럽 국가들의 발전을 위해서 시장 통합뿐만 아니라 정치·경제적인 통합이 필요하다는 데 의견을 모았다.

그리고 다음 해 2월 7일 외무부장관 회의에서 유럽의 정치, 경제 및 통화를 하나로 하기 위한 마스트리히트 조약이 맺어졌다. 이 조약으로 유럽공동체는 유럽연합(EU)으로 이름이 바뀌었다. 여러 주요 사항이 다루어졌지만 가장 중요한 결정은 유럽 중앙은행을 세우고 서로 같은 돈을 사용하자는 것이었다. 그 후 함께 사용할 돈의 이름을 '유로'로 정하고 실제 사용을 위해 구체적인 의견을 나누었다.

영국, 스웨덴, 덴마크는 부득이한 사정으로 유로화 사용에 참여하지 못했지만, 3년이라는 시험 기간을 거친 후 2002년 1월 1일부터 유럽 12개국에서 모두 유로화를 사용하게 되었다.

유럽연합 국가들은 잃어버린 유럽의 영광을 되찾고 싶은 마음에서 유로화를 탄생시켰다. 한때 세계무대를 주름잡았던 유럽 사람들은 모두 같은 돈을 사용하여 유럽 돈의 힘이 커지면 미국 달러화 중심인 국제금융시장이 달러화와 유로화 체제로 바뀔 수 있을 거라고 보았다. 현재까지는 국제금융시

장에서 달러화는 유로화보다 훨씬 큰 힘을 가지고 있다. 그러나 시간이 흐르면서 유로화의 힘이 점점 커지고 있으므로 나중에는 어깨를 견줄 수 있는 날이 올지도 모른다.

또 유로화 사용으로 유로 지역 내에서 서로 다른 통화를 바꿀 때 발생하는 환위험이 없어졌고, 기업들이 거래를 할 때 드는 비용이 줄어들었다. 이는 유럽 경제의 경쟁력을 높이는 데 도움을 주고 있다. 유럽 경제의 경쟁력이 높아지면 유럽 기업들의 국제경쟁력도 자연히 높아지게 된다.

기업들은 국제경쟁력이 높아지면 세계를 그들의 시장으로 만들고 싶다는 꿈을 꾸게 된다. 유럽 기업들은 그 꿈을 이루기 위해 어떤 사업 계획을 세우게 될까?

가까운 나라끼리 뭉쳐서 경제적 지위를 높이자

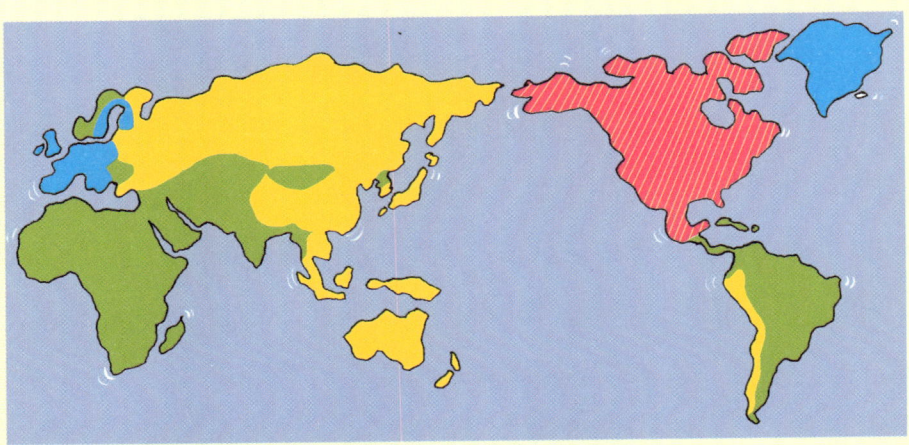

■ 유럽연합　■ 아시아태평양경제협력체　■ 북미자유무역협정, 아시아태평양경제협력체

　최근에는 지리적으로 가까운 나라 사이에 자유무역을 장려하고 경제정책에 대한 협조를 아끼지 않는 등 지역 경제 통합이 이루어지고 있다. 지역 경제는 크게 유럽 경제권, 미국 중심의 미주 경제권, 일본 중심의 동아시아 경제권으로 나누어진다.

　유럽은 유럽연합(EU) 깃발 아래 하나의 시장을 만들고 서로 간의 무역에는 혜택을 주고, 다른 지역과의 무역에 대해서는 차별을 하고 있다.
　1992년 12월에 맺어진 미국, 캐나다, 멕시코 간의 북미자유무역협정(NAFTA, 나프타)은 1994년 1월부터 효력이 생기게 되었다. 유럽연합은 생산에 필요한 자본, 노동, 기술의 자유로운 이동뿐만 아니라 금융 및 재정 정책까지도 함께하려는 데 비해, 북미자유무역협정은 세 나라 사이의 무역 장벽을 없애고 교역을 늘리는 것을 목적으로 한다.

아시아태평양 지역에서도 경제협력, 정책 협조, 무역자유화를 위한 노력이 활발히 이루어지고 있다. 대표적인 예로 1989년 만들어진 아시아태평양경제협력체(APEC, 에이펙)를 들 수 있다. 아시아태평양경제협력체는 유럽연합이나 북미자유무역협정과는 개방적 지역주의를 내세우며 참여 국가의 실질적인 경제협력을 높이는 데 목표로 두고 있다.

2005년 12월 현재
- **유럽연합** : 영국, 스웨덴, 덴마크, 오스트리아, 벨기에, 핀란드, 프랑스, 독일, 아일랜드, 이탈리아, 룩셈부르크, 네덜란드, 포르투갈, 스페인, 그리스, 헝가리, 폴란드, 체코, 슬로베니아, 에스토니아, 사이프러스, 라트비아, 리투아니아, 몰타, 슬로바키아(25개국).
- **북미자유무역협정** : 미국, 캐나다, 멕시코(3개국).
- **아시아태평양경제협력체** : 미국, 캐나다, 일본, 한국, 호주, 뉴질랜드, 싱가포르, 인도네시아, 브루나이, 말레이시아, 태국, 필리핀, 중국, 대만, 홍콩, 멕시코, 파푸아뉴기니, 칠레, 러시아, 베트남, 페루(21개국).

국제경쟁력이 높은 기업은
다국적기업으로 성장한다

기업은 경쟁력이 높아지면 한 나라 안에서 사업하는 데 만족하지 않고 더 많은 돈을 벌기 위해 다른 나라에서도 사업을 벌인다. 이렇게 여러 나라에서 사업하는 기업을 다국적기업이라고 한다.

사람과 마찬가지로 기업에도 국적이 있다. 한국에서 생겨났어도 한국에서 사업하는 기업은 한국 기업, 미국에서 사업하는 기업은 미국 기업이다.

코카콜라, 마이크로소프트, IBM, 휴렛팩커드, 나이키, 맥도날드, 볼보, 지멘스, P&G, 피자헛, 3M, 네슬레, 노키아, 소니 등 차를 타고 가면서 눈에 띄는 외국 기업의 이름을 적어 보자. 우리나라에서 일하는 외국 기업의 수는 셀 수 없이 많아서 주위에서 이들 간판을 찾는 일은 어렵지 않다. 그런데 우리나라에서 사업을 벌이고 있는 이들 외국 기업의 국적은 미국이나 독일 등

외국이 아니라 모두 한국이다.

사람들 중에는 두 나라의 국적을 가지고 있는 사람들도 간혹 있다. 그런데 기업 중에는 두 나라뿐만 아니라 여러 나라 국적을 가진 기업들이 있다. 이런 기업을 다국적기업이라고 한다. 처음에는 한 나라에서 사업을 시작했지만 차츰 다른 나라에서도 사업을 키워 나가 여러 나라에서 사업을 하는 기업이 다국적기업이다. 이들을 '세계 기업' 또는 '글로벌 기업'이라고도 한다.

다국적기업은 왜 생기게 되었을까?

기업을 경영하는 가장 큰 목적은 돈을 버는 일이다. 한 나라에서 사업을 잘해서 돈을 많이 벌게 되면 다른 나라에 나가서 더 많은 돈을 벌고 싶어진다. 그래서 외국에 나가 그 나라에서 새로운 기업인 현지법인을 만들어 사업을 하게 되면 다국적기업이 된다.

무역 장벽을 뛰어넘기 위해 다국적기업이 되는 경우도 있다. 무역 장벽이란 자기 나라 산업을 보호하기 위해 외국에서 들어오는 물건에 비싼 세금을 물려서 수입을 어렵게 하거나 아예 못하게 하는 것이다. 이런 장벽에서 벗어나려면 공장을 그 나라에 세우고 그곳에서 물건을 만들어 팔면 된다.

또 한 나라 안에서 어떤 기업이 너무 커지면 정부가 나서서 제일 큰 기업이 시장을 마음대로 휘두르는 것을 막는 독과점 방지법을 만들거나, 겉으로는 환경 보호를 위해서라고 하지만 사실은 지키기 어려운 환경 관련 규정을 만들어 수입을 막으려고 환경 규제를 하는 경우가 많다. 이런 규제를 피해 다른 나라에 진출해서 다국적기업이 되는 경우도 있다.

오늘날 다국적기업의 본사를 가장 많이 갖고 있는 나라는 미국이다. 일본, 영국, 독일, 프랑스, 캐나다, 스위스, 네덜란드도 다국적기업을 많이 가지고 있는 나라다.

우리 기업의 국제경쟁력이 높아지면서 우리 기업 중에서도 다국적기업으로 성장한 기업이 많다.

돈을 벌기 위해 다른 나라로 진출하는 다국적기업, 이들은 다른 나라 경제에 어떤 영향을 주게 될까?

다국적기업은 제2, 제3의 대한민국을 만든다

다국적기업은 돈을 벌기 위해 다른 나라에서 사업을 한다. 하지만 산업 시설이 별로 없는 나라에 공장을 세우고 세금도 내고 일자리도 만들어 주니까 그 나라 경제 발전에 도움을 주기도 한다.

나라에 따라서는 다른 나라 기업이 진출하는 것을 싫어하는 경우도 있다. 힘이 약한 국내 기업들이 자본과 기술력을 가진 다국적기업과의 경쟁에서 밀리면 국내 기업들이 성장하는 데 방해가 되기 때문이다. 또 다국적기업들은 다른 나라에서 번 돈을 그 나라에 다시 투자하지 않고 자기 나라로 가져가는 경우가 많다.

하지만 다국적기업이 가난한 나라에 나쁜 영향만 끼치는 것은 아니다. 다국적기업은 돈을 벌기 위한 목적으로 다른 나라에 진출하지만 세계경제를 활발하게 만드는 결과를 낳기도 한다. 특히 산업 시설이 별로 없는 나라에 공장을 세우고 세금도 내고 일자리도 만들어 주니까 그 나라 경제 발전에 도움을 준다. 더구나 요즘은 이미지가 좋은 기업이 지속적으로 발전한다고 생각하므로 벌어들인 돈의 일정 부분을 그 나라를 위해 사용하려는 다국적기업이 늘어나고 있다.

　잘살기 위한 우리 국민들의 열망과 노력을 바탕으로 우리나라 경제는 한강의 기적이라는 말을 들을 정도로 빠르게 성장했다. 우리나라에 진출해 오는 다국적기업들을 잘 받아들이고, 그들과 함께 발전해 나가는 슬기로움을 발휘했던 점도 오늘날 우리가 잘살게 된 이유 중 하나라고 할 수 있다. 이제는 우리나라의 대기업들이 세계 여러 나라에 진출하는 다국적기업으로 성장하여 세계경제에 보탬이 되고, 경제적으로 어려운 나라들의 발전을 도와주고 있다.

꼬물꼬물 박사님의 마무리

　2002년 1월 1일부터 유럽 12개 국가에서는 모두 같은 돈인 유로화를 사용하기 시작했단다. 유로화는 유럽이 세계를 다시 한 번 주름잡고 싶다는 야망이 담겨 있는 돈이야. 같은 돈을 사용하게 되면 서로 다른 돈을 바꿀 때 생기는 환위험이 없어지고, 기업들이 거래를 할 때 드는 비용을 줄일 수 있게 되지. 그러니까 유로화의 사용은 유럽 기업의 국제경쟁력을 높이는 데 도움을 주게 돼.

　보통 경쟁력이 높은 기업은 한 나라 안에서 사업하는 데 만족하지 않고 다른 나라에 나가서 더 많은 돈을 벌고 싶어 하지. 그래서 외국에 나가서 사업을 하게 되는데 여러 나라에서 사업을 하고 있는 기업을 다국적기업이라고 한단다.

　다국적기업은 돈을 벌기 위한 목적으로 사업을 하지만 결과적으로는 산업시설이 별로 없는 나라에 공장을 세우고 세금도 내고 일자리도 만들어 주게 되지. 서로 잘살게 되면 더욱 좋겠지?

브랜드 가치가 높은 기업들

 미국 경제 주간지 〈비지니스 위크〉와 브랜드 컨설팅 회사인 '인터브랜드'가 공동으로 결정한 '2006 세계 100대 브랜드' 결과를 발표하겠습니다. 1위에서 5위까지 브랜드 가치가 큰 기업의 순위는 2005년과 변동이 없군요.

1위   코카콜라 브랜드 가치 670억 달러
2위   마이크로소프트 브랜드 가치 599억 달러
3위   IBM 브랜드 가치 562억 달러
4위   GE 브랜드 가치 489억 달러
5위   인텔 브랜드 가치 323억 달러입니다.

코카콜라

2006년 브랜드 가치는 무려 670억 달러로 2005년에 이어 세계에서 제일 브랜드 가치가 높은 기업으로 뽑혔어요.
많은 사람들이 열광하는 스포츠 현장엔 언제나 코카콜라가 있습니다. 우리는 선수와 관중이 함께 즐길 수 있는 이벤트를 지원함으로써 스포츠의 재미를 더해 주고 있지요. 또 월드컵 대회와 같은 세계적인 수준의 스포츠 대회가 열리는 경우 공식 후원사 계약을 많이 맺어요. 이를 바탕으로 기업 이미지를 높이고 제품의 디자인이나 광고 등 모든 마케팅에 있어 스포츠를 주제로 한 전략을 세운답니다.
회사가 1886년 미국 애틀랜타에서 처음 만들어졌으니까 역사가 꽤 길지요? 허리가 잘록한 코카콜라 병 모양과 디자인은 상품 포장 디자인으로는 드물게 미국 특허청에 상표등록이 되어 있어요. 그러나 코카콜라 제조법은 특허를 받지 않았어요. 특허를 받으려면 제조 방법을 모두 적어야 되는데 그렇게 되면 코카콜라 맛의 비결을 모두 밝혀야 하기 때문이죠.

마이크로소프트

2006년 브랜드 가치는 599억 달러로 2005년에 이어 세계 2위를 차지했어요.
1975년 모든 책상과 가정에 컴퓨터가 있게 될 거라고 앞날을 내다본 빌 게이츠와 폴 앨런이 우리 회사를 만들었지요. 개인용 컴퓨터 소프트웨어 개발에 있어서 비약적인 발전을 거듭하며 오늘에 이르렀습니다. 만약 2006년 브랜드 가치 562억 달러로 세계 3위를 차지한 IBM이 자기 회사 PC의 운영 체계를 직접 개발했더라면 아마도 우리 운명은 달라졌을 거예요. 우리가 하는 일이 컴퓨터 언어 개발이 아니라 이미 존재하는 언어를 각 컴퓨터 모델에 맞게 조절하는 일이라고 비아냥거리는 사람들도 있어요. 하지만 시장이 무엇을 원하는지 재빨리 알아채고 어느 회사보다도 발빠르게 제품을 내놓는 신속성은 높이 평가받아야 한다고 봅니다.

삼성전자

2006년 브랜드 가치는 162억 달러로 순위는 2005년과 같은 세계 20위입니다. 2004년 세계 100대 기업으로 선정된 한국 기업은 우리뿐이었는데 2005년부터 현대자동차와 LG전자도 100대 브랜드의 영광을 차지했어요. 2006년에 현대자동차는 41억 달러의 브랜드 가치로 75위, LG전자는 30억 달러의 브랜드 가치로 94위를 차지했답니다. 2004년까지는 전자 업계의 대명사로 불리던 일본의 소니가 우리보다 순위가 더 높았어요. 그러나 2005년부터 우리가 소니를 앞질렀답니다. 계속 발전해서 세계에서 열 손가락 안에 들어가는 기업이 될 테니까 많이 응원해 주세요.

왜 그런지 생각해 봅시다

경제에 대한 지식이 있으면 사회의 흐름을 보다 쉽고 확실하게 이해할 수 있어요. 궁금증이 생기면 그냥 지나치지 말고 왜 그런지 생각해 보는 습관을 들이면 경제가 아주 재미있게 느껴지고 자기도 모르는 사이에 경제 박사가 되어서 다른 사람과 사회를 이해할 수 있는 폭넓은 사람이 될 수 있어요. 우리 주위에 숨어 있는 경제 원리를 생각해 보는 시간을 가져 볼까요? 다음 질문에 답해 보세요.

1. 왜 새로운 상품이 나오면 맛보기 음식을 나누어 줄까?

2. 왜 유명 상표가 붙은 물건은 시장에서 파는 물건보다 비쌀까?

3. 저축만 하고 소비를 하지 않으면 어떤 일이 일어날까?

4. 패스트푸드점에서 셀프서비스가 사라진다면 어떤 일이 일어날까?

5. 편의점은 대형 할인점보다 물건 가격이 비싼데, 왜 사람들은 편의점에서 물건을 살까?

6. 커피가 많이 팔리면 어떤 물건이 덩달아 많이 팔릴까? 그 이유가 무엇인가?

7. 꼬불이네는 이번 방학 때 해외여행을 갈 예정이다. 그때 환율이 오르는 게 좋을까, 내리는 게 좋을까? 그 이유는 무엇인가?

8. 시장에 어느 물건을 팔려는 양이 줄어들면 그 물건 가격은 어떻게 변할까?

9. 편의점에서 계절, 기온, 날씨에 따라 물건의 위치나 종류가 바뀌는 이유는 무엇일까?

10. 물가가 지속적으로 올라가는 인플레이션이 일어나면 돈을 빌려 준 사람과 돈을 빌린 사람 중 누가 유리한가?

11. 최근 우리나라에서 여성 한 명이 평생 동안 낳는 아기의 수를 나타내는 출산율이 낮아져서 걱정이라는 소리가 자주 들린다. 출산율이 낮아지면 경제에 어떤 영향을 미치게 될까?

12. 시장에서 팔려는 사람과 사려는 사람이 만나 서로 만족할 때까지 흥정을 하다 보면 어떤 일이 일어날까?

13. 알뜰한 사람들은 할인쿠폰을 어떻게 이용할까?

➡ 정답은 210쪽에

 정답

1. 시장에서 제품을 팔기 전에 사람들의 반응을 알 수 있다.
   맛보기 음식을 먹고 맛있으면 물건을 사니까 물건을 좀 더 많이 팔 수 있다.
   맛보기 음식을 먹은 사람들이 맛이 좋다는 입소문을 내기도 하므로 광고 효과를 볼 수 있다.

2. 상표를 알리기 위해 쓴 광고비와 좋은 품질을 유지하기 위해 들어간 품질관리 비용이 가격에 포함되기 때문이다.

3. 물건을 만들어도 팔리지 않아 문 닫는 공장이 하나 둘 늘어갈 것이다.
   일자리가 없어 실업자가 많아질 것이다.

4. 직원이 손님에게 음식을 가져다주고 치우는 일까지 해야 하기 때문에 지금보다 많은 직원이 필요하다. 그러면 회사는 직원을 더 뽑아야 하므로 비용이 늘어나고, 늘어난 비용만큼 음식 값이 올라갈 가능성이 크다.

5. 편의점은 동네 가까이에 있어 물건을 쉽고 빠르게 살 수 있다.
   밤에도 문을 열기 때문에 언제든지 물건을 살 수 있다.

6. 설탕과 커피 크림이 많이 팔릴 것이다. 왜냐하면 커피를 탈 때 설탕과 커피 크림을 함께 넣으면 더 맛있기 때문이다. (그래서 설탕과 커피 크림을 커피의 '보완재'라고 한다.)

7. 환율이 내리는 것이 좋다. 환율이 1달러에 1,000원에서 900원으로 내리면 100원이 이익이다. 우리나라 돈을 다른 나라 돈과 바꿀 때 환율이 내리면 좀 더 싼 값에 다른 나라 돈을 살 수 있다.

8. 비싸진다.

9. 때에 따라 손님이 많이 찾는 상품을 잘 보이는 곳에 진열해서 물건을 많이 팔기 위한 전략이다.

10. 돈의 가치가 떨어졌다는 뜻이므로 빌린 돈의 가치도 그만큼 떨어지게 되어 돈을 빌린 사람이 유리하다.

11. 일할 사람이 줄어들어 경제 성장에 문제가 생긴다.

12. 물건 가격과 팔리는 양이 자연스럽게 정해진다.

13. 꼭 필요한 소비를 할 때는 이용할 수 있는 할인 쿠폰이 있는지 살펴보고, 불필요한 쿠폰은 있어도 쓰지 않는다.

참고 도서

국내 서적

공병호 《10년 후 한국》 해냄, 2004. 6
곽해선 《도토리 경제의 토대가 된 리뷰 경제사》 국일증권경제연구소, 2004. 12
그레고리 맨큐 《맨큐의 경제학》 교보문고, 2005. 7
니콜라우스 피퍼 《청소년을 위한 경제의 역사》 비룡소, 2006. 5
데틀레프 귀르틀러 《부의 세계사》 웅진씽크빅, 2005. 9
매일경제 금융부 《이야기로 배우는 어린이 경제교실》 매일경제신문사, 2002. 7
미셸 르뒤크, 나탈리 토르지만 《10원으로 배우는 경제이야기》 영교, 2002. 3
비토리오 주디치 《경제의 역사》 사계절, 2005. 12
서청석 《신문역학원론》 신영사, 2005. 1
석혜원 《잘사는 나라, 못사는 나라》 다섯수레, 2006. 4
송양민, 이찬교 《초등학생들이 가장 궁금해하는 경제이야기》 을파소, 2003. 4
앙드레 푸르상 《청소년을 위한 이야기 경제학》 동문선, 2001. 1
우리은행 은행사박물관 《WOORI BANK MUSEUM》 우리은행, 2004. 7
유병률 《서른 살 경제학》 인물과 사상사, 2005. 7
유시민 《경제학 카페》 돌베개, 2004. 3
이준구 《미시경제학 제4판》 법문사, 2005. 7
이준구 《새 열린 경제학》 다산출판사, 2005. 1
이영훈 외 《한국의 은행 100사》 우리은행, 2004. 3
장수하늘소 《피노키오의 몸값은 얼마일까요?》 아이세움, 2005. 5
정갑영 《나무 뒤에 숨은 사람》 영진닷컴, 2003. 5
정운찬, 김영식 《거시경제론 제7판》 율곡출판사, 2005. 10
조나단 B. 화이트 《애덤스미스 구하기》 생각의 나무, 2003. 8
중앙일보 경제부 산업부 《틴틴경제》 중앙 M&B, 2003. 5
토드 부크홀츠 《죽은 경제학자의 살아 있는 아이디어》 김영사, 2006. 5
팀 하포트 《경제학 콘서트》 웅진지식하우스, 2006. 2
하워드 슐츠 외 《스타벅스 커피 한잔에 담긴 성공신화》 김영사, 1999. 7
한국역사연구회 《조선시대 사람들은 어떻게 살았을까》 청년사, 2005. 4
한국은행 《초등학생을 위한 알기 쉬운 경제이야기》 한국은행, 2005. 3
한국은행 《중학생을 위한 알기 쉬운 경제이야기》 한국은행, 2005. 3
한국은행 《고등학생을 위한 알기 쉬운 경제이야기》 한국은행, 2005. 3
한국은행 《일반인을 위한 알기 쉬운 경제이야기》 한국은행, 2005. 3

한국은행 《한국은행 화폐금융박물관》 한국은행, 2004. 12
허원무 《마이클 조던이 나이키를 살렸다》 살림, 2004. 1

외국 서적

Frederic S. Mishkin *Economics on Money, Banking and Financial Markets* Addison Wesley, 2006. 1
Neale S. Godfrey, Carolina Edwards *Money doesn't grow on trees* Fireside, 1994. 1
Neale S. Godfrey, Tad Richards *Money still doesn't grow on trees* Rodale Books, 2004. 1
Robert T. Kiyosaki, Sharon L. Lechter *Rich Dad Poor Dad* Warner Business Books, 2000. 4
Robert T. Kiyosaki, Sharon L. Lechter *Rich Dad's Rich Kid, Smart Kid* Warner Business Books, 2001. 1
Steve Otfinoski *The Kid's Guide to Money* Scholastic Inc, 1996. 4
Steven D. Levitt, Stephen J. Dubner *Freakonomics* Harpercollins, 2005. 5

찾아보기

APEC 199
GATT 160~162
WTO 163

ㄱ

거품 144
경기 130, 132
경제정책 135
골드스미스 130~135
골드스미스 노트 106
광고 33~44
교류 165
국공채 74
국민소득 133
국제 유가 23, 26
국제경쟁력 197
국제금융 196~197
국제수지 181
금리 108, 119
금세공업자 103
금융기관 76

ㄴ

뉴딜 정책 135

ㄷ

다국적기업 200
단리 76~77
돼지 저금통 69, 79
디플레이션 118

ㅁ

매출 191~193
무역 160~167
무역수지 180
무역협정 162
물가 15, 25, 101, 115
물건 가격 18
밀튼 프리드먼 123

ㅂ

밸런타인데이 126~1128
뱃길 157, 164, 168
복리 76~77
부가가치 163
부동산 가격 140~145
북미자유무역협정 198
불황 130
브랜드 가치 206~207
빅맥 지수 187
빌 게이츠 88

ㅅ

세뱃돈 110
생산자 43
세금 139
소득 59
소비자 55, 64
수익률 75
수입 농산물 158
식량 자급률 159~161
신용카드 32, 46
실크로드 165

ㅇ

예산 15, 18

우루과이라운드 162
워런 버핏 88
원가 64
원금 76
원유 23, 26
웰빙 52~63
위안화 182
위조지폐 94
유럽연합 192~197
유로화 182, 190~197
이윤 60, 62
이자 81
인플레이션 118

ㅈ

장보고 165
재테크 75
저축 82
적자 137
정기예금 74
정기적금 74
종자돈 73, 75, 79
주식 70~73
중간상인 43
중앙은행 100
지폐 92~96, 114

ㅊ

채권 71~73, 87

ㅋ

콜금리 109, 120
콜시장 120
키즈 마케팅 66

ㅌ

통화량 117
투기 146, 149
투자 70, 74
튤립 140, 149~151

ㅍ

평가절상 183, 185
평가절하 183

ㅎ

한국은행 97~101
한국조폐공사 121
할인점 41~45
허리케인 카트리나 26
화폐제도 105
환율 174, 182
회사채 74
후추 157, 168
흑자 181